今、注目のお人形服デザイナーたち

LoveSound と
ルビー・イン・ザ・ソーダ

よいファッションドールの条件は多々数えられるけれど、「着せ替えしてみたい」と思わせる強いオーラがあることは重要だ。

あなたのお気に入りの衣装持ちのお人形の子のことを考えてみて欲しい。最初から素敵なお洋服を着ていたとしても、「家に連れ帰って、あんな服や、こんなお洋服を着せてみたいな」と思い立ち、何らかの方法で入手したお洋服を着せて、ヘアメイクも手をかけて、小物もセレクトしてあげたとき、パッと周りが明るくなるように、その子は輝きを増したのではないだろうか。

そんな風に思わせるのが、よいファッションドールだと思う。遊ぶ人たちの感性やアーティスト心を引き出し、試行錯誤するエネルギーを生み出す力のあるお人形。

そしてできあがったコーディネートに身を包んでニッコリ、あるいはツンとお澄ましするお人形は、もうあなたの表出した一部であり、あなた自身になっている。

それを写真に撮ったり、街に連れ出して仲間に見せるのは、あなた自身を見せているということ。大好きなお人形との幸せな感応である。

designed by LoveSound for Sydney Chase

humming...

サックス×ブラウンのプレーンなボーダーTシャツに、
アンティックレースとパールの首飾り、スカートは青
空を描いた、ちょっとレトロなプリント柄。クシャっ
とした花びらみたいなモチーフがポイントです。刺繍
の入ったターコイズのフュゾ、ヘアはマッシュ・ボブで
スタイリング。肩の力を抜いた、リラックスしたガー
リースタイル。

モデル：Ready-To-Wear Sydney
（撮影のため、ヘアメイクにアレンジを加えています）

※このシドニー一式を販売いたします。
　詳しくはDD SHOPのページをご覧下さい。

illustration : miyokomiyoko

今、注目のお人形服デザイナーたち

LoveSound

Costume：LoveSound
photo direction：LoveSound(p4-10)
photo：Wataru Shiokawa(p4-10)
photo：LoveSound(p11-24)

sha-la-la

トラディショナル・チェックのスリムなオーバーオールとマント風トップスのコーディネイト。タックをとった水玉模様のベレーやボーダーソックスをプラスして、パターン×パターンで見せる、ネオ・ブリティッシュなガーリースタイル。
モデル：カレンダーガール2002　11月キサラ

Jenny in LoveSound

ジェニーはLoveSound最初のミューズ。

Bitter Sweet

スラッシュ入りパフスリーブがかわいいトップスは、シースルーの
ブラック・ジャージー。個性的なトップに対してボトムはシンプル
にオーソドックスなチェックのパンツでコーディネイト。パールや
ターコイズ＆チェーンのワスピーで、マスキュリンな中にソフトな
印象をプラスしたミニマルなスタイリングにまとめてみました。

モデル：ナイスジェニーコレクション2002　ナオミ

Jenny in LoveSound

Lyrical game:左
ベロアとシャンタンを組み合わせた、少し
クラシカルなフレームのハイウエスト・ジャケット
は、小さなボタンとファースリーブが
特徴です。グローブとロングトップのイヤリ
ングをプラスする事で、クラシックなスタイ
ルが新鮮でモダンな少女スタイルへ。
モデル：カレンダーガール2003　7月たまき

no-no-non:右
きっちりとウエストマークされたコーデュ
ロイのキュロットワンピースは、シェル・ポケッ
トが特徴です。水玉のハイネック・カット
は袖口に小さなパフをとり、ボーダータイ
ツとスクエアなローヒールでスタイリング。
決め手は飾りの付いたベレーで、全体をトリ
コロールにカラーリングしました。
モデル：フォトジェニックジェニー

「もっとお庭で遊んでいたいな」
元気なBetsyにLoveSoundから
ボーイズ風のキッズウェアをプレゼント。

designed by LoveSound for TINY BETSY McCALL ♪

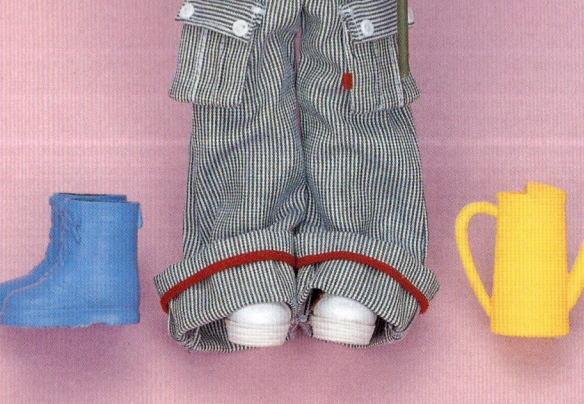

Goodly Time

ヒッコリーストライプのつなぎに、かぼちゃみたいな大
きなパイル・ニット帽をコーディネイト。アメリカン・カ
ジュアルをベースに、袖のミニパフやふらしポケットな
ど……、キュートなディティールをちりばめ、女の子っぽ
さをミックスしました。決めてはボア付きのミトン！

※このBETSY一式を販売いたします。
　詳しくはDD SHOPページをご覧下さい。

シャープ、スウィート、ゴージャス。
イメージが拮抗し、混じり合い、
新しいエモーションを生み出す。

Classic & Shabby

ストイックなガーリースタイル
フレームは「クラシック」、でも、さま
ざまなサンプリング（スポーツ、ワー
ク、ユニフォーム）を施すことで、再構
築するエレガンスとシャビーテイス
トのミックス・スタイル。

・・・・・・・・・・・・・・・・・・・・

右：クリーンな印象のホスピタル・ホ
ワイトをメインに、トップスのシャツ
はアシンメトリーな肩ラインと無機質
な大小のダーツがアクセント。スカー
トはワークやユニフォームなどから
インスパイアする、数種類のテクス
チャーをディテールへ持ちこみ、ヘ
ムはシャビーなランダム・プリーツを
施しました。
モデル：バービー2003

左：チェック柄が何層にもはき合わ
され、左右へ大きく下がったヘムライ
ンが特徴的なスカート。スポーツテ
イストのボーダーやチェックがカジュ
アル感をプラスし、モノクロのコント
ラストがメランコリックなムードを
高めています。
モデル：バービー2003

Over & Over

オーソドックスなツイードのホルター・トレンチは、大きく襟を
立て、マスキュリンな印象。白と黒のグラフィック・パターンの
インナーは、オーバーディテールな袖とカフスがポイントに。
レザーのニーブーツ風レギンスやユニークなカタチのバッグを
加え、センシュアルでラグジュアリーなスタイルが完成。
モデル：HIP2BE スクエアバービー（ブルネット）

Blythe in COLETTE

今日の彼らはcolette。
ほんわかパワーのブライスとは
異色の取り合わせ、と思いきや、
何やら楽しいことになっています。

Chinese Kiss

チャイニーズ・キッス
グレンチェックに配色された
レースとフリンジが印象的なミニワンピ。
朱赤やチャイナピンクの色合いと、
特徴的なイヤリングがコーディネイトのポイント。
ミステリアスなアジアンビューティーを意識しました。

モデル:オールゴールドインワン(ヘアアレンジ＆リップチェンジしています)
p.11～21のブライスのウェアは「colette」によるアート表現の一部であり、今後販売の予定はありません

Rain Forest

深い森のためいき
「深い森……」。
静かに雨が降り、静かに時が過ぎる……
そんなミスティカルなワンシーン。
白いシースルーニットのロング・トレーンのドレスと
カラフル・バタフライのコントラスト。

モデル：チェリーベリー

おさんぽルック
レトロなプリントのホルター・ブラウス＆ミニ・フレアに、
ボーダーのコンフォートパンツがコーディネイト。
オーバーサイズがカワイイキャスケットは、
サークル模様に柄合わせ。
ポイントに大きなアンティック調ボタンをあしらいました。
ブライスの相棒のベアーにも、
オーバーオールとニット帽でスタイリング。

Joyfull ★ Joyfull

モデル：スケートデート（ヘアアレンジしています）

Amazing Discovery

おしゃれ探偵
探偵気分で、日々大いなる発見のブライス！
アーガイル柄のフリル袖ベストに
シャツとラップスカートをトラッドテイストにコーディネイト。
ポイントはリボンやブローチを
いっぱい付けた、デコラなベレーです。

モデル：モンドリアン（ヘアをカラー＆アレンジ、リップチェンジしています）

French Rendez-vous

フレンチ・ランデブー

Aラインの花柄ミニワンピと
ロングブーツのモノトーンなコーディネート。
ピンクのレースで作った首もとの花飾りがアクセントです。
少しアンニュイな女優きどりのブライスをイメージし、
大きめの花柄のツバ広帽をプラスしました。

モデル：ドッティドット（ヘアアレンジしています）、ブーツ：volks

EASY LIVING

イージーリビング

80'sのニュートラをイメージさせる、
イエローのトップスとボトムに、
グラフィカルなビスチェをプラス。
ターコイズの足元がアクセントです。
モダンリビングの一室でリラックスしている……、
そんな雰囲気。

モデル：ティーフォートゥー（ヘアアレンジしています）

Blue Wing

青いカモメ

カモメ柄のジョーゼットで作られた
フォーキーなパフ・スリーブブラウスとタイトなキャスケット。
インナーはノースリーブワンピ。
スカート部分はシルクジョーゼットの
3段フリルでイレギュラーヘムがポイント。
パールネックレスはいろいろなあしらい方が楽しい、ロングタイプが特徴。

モデル：コージーケープ（ヘアアレンジしています）、ブーツ：volks

Othello

オセロ

オセロのようにシロクロが入れ替わる??
そんなシーンをイメージさせる水玉模様のセット。
だまし絵のような白／黒のサークル柄を背景に、
片袖パフスリーブのトップスや
サークル柄のAラインスカートをコーディネート。

モデル：サンディベスト（ヘアアレンジしています）

elfin

森の妖精
森のみどりにとけ込みそうな、
そんな森のいたずらっ子をイメージ。
ミリタリーテイストの
フレンチスリーブジャケット＆パンツに、
タータンチェックのプリーツミニをプラス。

モデル：コージーケープ、
ティーフォートゥー、ブーツ: volks

Sun Flower

ひまわり娘
顔がスッポリかくれそうな、
大きなツバのチューリップハットは、
スクリュープリントの6枚ハギ。
ミニ丈のAラインブラウスとコンビのホットパンツは、
水玉やストライプ、ギンガムチェックとの組み合せ。
仕上げに大きなバッグをななめがけすれば、
気分はもうトラベリング。

モデル：ロージーレッド

青いヒミツ
爽やかで清涼感のある
ブルーをイメージに、ペアStyleを提案。
ツバメ柄のキャスケットとブルゾンに、
チュニック丈のキャミと
ストライプ・パンツを組み合わせた
ボーイッシュなスタイル。
もう一人には、
花飾り付きのスラウチトップに
ティアードスカートを合わせた
ガーリーなスタイルコーディネートしました。

モデル：コージーケープ、
　　　ボヘミアンビート（ヘアアレンジしています）

「お人形服って奥が深い！」LoveSound インタビュー

LoveSoundによる、シドニー、ジェニー、バービー、ベッツィ、そしてブライスのオリジナルなスタイリング、いかがでしたか？衣装製作は勿論、モデル選びにヘアメイクと、写真のディレクション、撮影（ブライス）まで見事にこなしてしまうスーパーな彼らは、いったいどんな人たちなのでしょうか。その舞台裏について、インタビューしてみました。

1

「LoveSound」は、お人形服を最初に作るために作ったタカラのジェニーをイメージしたブランドの名前で、同時に、ユニットとして彼らを呼ぶときの通称でもあります（バービー、ブライスなど、モデルにするお人形にはそれぞれの新ブランドを提案するのが彼らのスタイル。

LoveSoundは2000年頃から本格的にお人形作りをはじめました。それが、関西在住の、アパレル業界で活躍する第一線のクリエーターであり、3カ月に一度の展示会へ向けて多忙を極める中、インターネットサイトでのコレクション発表や、東京のお人形イベントへ参加するといった活動を断続的に続けています。

彼らのモデルとなったお人形は、完璧なコーディネートに身をゆだね、いきいきと輝き出してしまいます。その秘密は、服飾のプロフェッショナルだから……というだけが理由ではないようです。

—今回の「Dolly*Dolly Vol.3」の特集のために作っていただいた新作について、感想を教えて下さい。

mana、ケン、haru―今回とても印象的だったのが「ベッツィ・マッコール」「シドニー」「チェイス」のドールに初めてドレスを作らせて頂いたことです。スケールの大きく異なる2タイプのドールを扱うのが、とても新鮮で面白かったです。従来ベッツィやシドニーから受けるイメージを、少しだけ違ったテイストでまとめてデザインしてみるととても面白いかな……、と思いつきました。ドレッシーで大人っぽいシドニーへは、ラフなガーリースタイル……。50年代調のベビードレスが似合いそうなベッツィには、アメリカンなボーイズ・カジュアル……。デザインはあっというまに決まりました。

mana―ケン、mana、ユリ、haruは、ほぼ同じ時期に出会いました。みんなアパレル

—基本的な質問ですが、あなた達は、それぞれどういう関係なんでしょう。LoveSoundの仲間

—アンダーグラウンドなクラブ活動

3

REVENGE
Nostalgic Bohemian

—皆さんがHPで、初めてお人形服のいわば現場に出逢ったのは、確か3年と少し前ですよね。お人形服作りのファンの方々からメールや直接アドバイスをもらうことが多かったと聞いています。

ケン―皆さんものすごくドールの知識をお持ちなので、教えて頂くことばかりです。ドールの世界の奥の深さには驚かされます。お人形ファンの方は、心優しい親切な方が多いです。「ジェニーにはフレンドドールがいる」ということも知らずに、HPでナオミなどをモデルにしていたのを、メールで教えてくれたり……。でもお人形服づくりを始める一番のきっ

業界の知合いで、気楽な遊び友達ですね。それぞれ忙しい日々で、なかなか集まる機会が少なくなって。でも人形作りが、偶然にも集まるキッカケになってくれました。なんかアンダーグラウンドなクラブ活動みたいでした（笑）。

ただ、なかなかコンスタントに活動を継続できないのが残念ですね。

—皆さんがHPで、初めて「LoveSound」コレクションを発表して、いらして

2

MODE OF THE NOTES

小中千昭

もし、あなたが初めてこの誌面にてLoveSoundの作品―、ファッション、そしてそれを着たドールの写真作品を見たのであったなら、あなたが感じているショックは私が抱いたそれと同じ筈だ。

2000年の早春に、ネット・オークションで偶然に私は「それ」を発見した。今は珍しい事では無いのだろうが、その頃、洋服のみの出品はあまり多くなく、またさして洋服にこだわっていた訳ではなく、偶然に目に止まったその頃のロリータ系、或いはストリート系が若干出始めていた頃で、たまに競り合う様なアイテムではなかったが、この時の「それ」はきちんと人形のスケールで再現した洋服自体、及びそれをきちんと人形に着せたいと切望させるものであったが、私を惹きつけたのは先ずその洋服をジェニーとレイフという"モデル"に着せた〈写真〉であった。

リチャード・アヴェドンといったフォトグラファーが撮った、「ヴォーグ」や「ハーパーズ・バザー」といったフォトモード誌に近いものだ。ジェニーをモデルにした写真が有名である、あの写真群のアトモスフィアに近いものを、単にそれらの洋服を着せられた人形達が醸し出しているのだ。そこに映っているミニチュアのビゴーネンである、ビニールの人形は、その意匠が持つ以上の豊かな表情を見せていたのだ。

この事は、それ以後の彼らの発表してきた作品でも一貫している。ブライスのジェニーの生気に満ちた表情はどうだ。

彼らの最初の作品（だったという事を後で知る）を入手した私は、一体どんな人々がこれを生み出したのだろうかと関心を抱き、メールでのやりとりを通じて、彼らが予想通り実際のファッション業界に居る事が確認出来た。その彼らと実際に対面出来たのは、予想以上に早かった。

ある日、突如Noix de Romeの矢村社長から連絡があり、「今、大阪からLoveSoundの人たちが店に来ている。小中さんに会いたいって―」

慌てて駆けつけると、そこにいたのがケンとharuの二人だった。二人とも言葉少なく控えめな態度であったのに驚かされたが、しかし彼らがドールを素材とした表現という行為に大いなる情熱を燃やしている事は、翌日のドール・イベントでの精力的な観察ぶりでも明らかだった。

かけを作って下さったのは小中千昭さんです
ね。ドールの種類やドールイベントなど、
ひとつひとつ丁寧に教えて下さいました。それ
にモデルドールにいかがですか……。と、人形や
ご自分で購入した著名なドール服作家さんの
ドレスまでプレゼントして下さって、それは今
でもとても感謝しています。

お人形ならではの服づくり
——その お人形服作りは、最初からうまくいっ
たのですか?
mana——最初は人間と同じような型紙を
ひいてみたのです。でも細かく作り込み過ぎ
たのか、あまり上手く仕上がりませんでし
た。この頃ドール用の型紙本が市販されてい
るのも知らず、タカラ製のジェニー服が型紙
の参考にとてもなりました。例えば、肩線をは
ずず続けると断ちするとか。
——そうすると、後見頃がバイヤスになり、模
様があるとおかしくなるのでは?
mana——かえって、それが面白い効果になつ

Sweet & Cheap

5

たりもしますね。他にも、極端に大きなモチー
フをつけたり、例えばいかにもリボン! て感
じのものとか(笑)、人形ならではのデフォル
メがとても面白く感じられました。
知らず知らずアパレルの知識を応用している
のかも知れないけれど、ただリアルサイズの人
形のスケールダウンというだけでなく、人形は
ケールダウンというだけでなく、人形は
ディン的なデフォルメや簡略化の効いたデザ
イン的なデフォルメや簡略化の効いたデザ
作りが楽しいのかな? と「LoveSoundの人形服
作りは「リアル」というより「おもちゃっぽい」
かもしれませんね。でもそこが気に入っていま
す。
ケン——それに人形服作りの方法っていろ
んな方が作られる人形服を拝見すると分かり
ますが、作り方もデザインの方向性もさまざま
です。ファンタジーやコスチューム的なもの、
パンクやミリタリーなどテイストもさまざま。
ディテールによりデザインのリアルさを追求したカジュ
アル服などは「いったいどうやって縫っている
の??」と思っちゃうくらい細かな作りには驚くばか

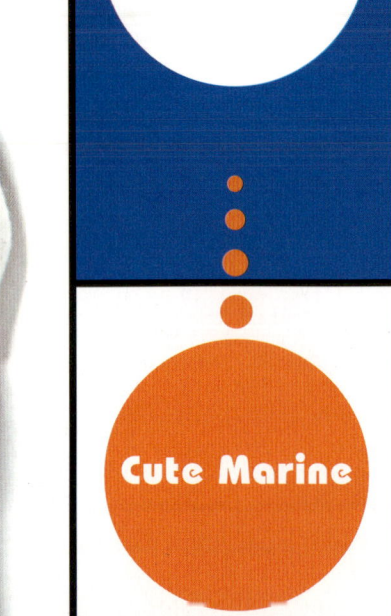

4

Cute Marine

りです。また手芸的なテクニックを駆使したク
ラシカルなドレスは、一点ものならではのグレー
ド感が漂います……。いろんな作り方やデザイ
ンの方向性が自由に楽しめるからいいのだと
思います。しかも奥が深い。ホント人形服って
スゴイ!
——では現在、LoveSoundの皆さんが製作に
あたって気をつけていることなどは?
mana——メンバーそれぞれが、その時思い
つくまま好きなモノを作っているだけなので
すが、最初にとても皆さんに好評だったテイ
ストから極端に外れないようにと、メンバー
で意見が一致しました。「基本はベーシック、で
もほんの少しトレンド的なエッセンスをち
りばめた感じ……」をわりと意識している気
がします。でも楽しく作るのが一番ですよね。
haru——デザインだと先にもお話しした、
人形らしい感じ……というところで、例えばわ
ざと大きなプリント柄(笑)を使ってみると面
白いんじゃないかなと思います。人形のボディ
からはみ出そうな大きな水玉とか、コンパク

BLACK BERRY

6

彼らにとって言葉はそう重要な要素ではない。彼
らの表現自体を見た者が、それを言葉に転換する
必要もない。
そう、彼らの作品はまさに、音楽の様なものな
のである。

こなか・ちあき
'61年生の特殊脚本家。お人形愛好家としてお人
形等をプロデュース。'02年ジェニーファッション
写真集「MODE-J」を企画した。近年に
「THE BIG-O」(3)「エコエコアザラク」眼」
(04年1月放送開始)等。また、'03年9月に「ホラー
映画の魅力 ファンダメンタル・ホラー宣言」(岩
波アクティブ新書)を上梓した。

LoveSound結成から現在までの歴史
めまぐるしく動くアパレル業界で活躍するメンバー
たちは、それぞれ超多忙。本業の合間にスケジュー
ルの合うメンバーが分業し活動しています。そんな
彼らのこれまでの歴史を、お人形に関する仕事を交
えてご紹介します。

2000年
12月
「LoveSound」が冬のドールズパーティーからス
タート。発足メンバーはケン、mana、haru(サ
ポート/ユリ、Bubble)

2001年
8月
「LoveSound」夏ドールズパーティーへ参加

11月
「BREATHLESS!」として、ドールショウ初参加。(ケ
ン、mana、haru、ユリ)その後、manaが本
業多忙のため活動をお休みする。
ボークスセンチュリーモデルのカジュアル
プロデュース(haru、ケン)

2002年
9月
「MODE-J」特装版グラフィック社オリジナルジェ
ニー」のコスチュームデザイン(ケン)。

11月
ボークスBIS! styling up-to-you プロデュース
ラインBIS! styling up-to-you プロデュース
(haru)

な身頃に極端に大きな袖を付けたりとか。人形サイズだからできる楽しみ方かなと思います。

——そう言えば、ポージングしやすいという理由で以前からジェニーのナチュラルボディ（現在は販売終了）をお気に入りでしたが、そんな風に「このお人形のここがいい」というようなものはありますか？

haru——具体的にこの人形のここ！というよりも、全ての人形にはそれぞれの時代背景が垣間見られる気がして、それぞれに素敵に思えます。洋服、ヘッドの形や彩色はもちろんの事、企画やコンセプトなどからも……。

現代モノは、現代なりの解釈が盛り込まれていて、また古い昔のモノは、この時代ならではのデザインが施され、「この時代はこうだったのか〜」など、まだ生まれる前の、その時代背景や流行を人形を通して、想像し楽しむ事ができると思います。

——ところで、LoveSoundメンバーの中には、お人形の仕事で活躍されている方もおいでですが、haru——お人形の仕事は苦労もありますが、楽しい事も多いですね。ただ、それぞれ本業があるので、せっかくお引き受けしたくてもタイミングが合わずお引き受けできない事もしばしば……。それがとても残念ですが、でも、ドールのお仕事はいろいろ発見も多く面白いので、これからも続けられるとうれしいですね。

——お人形の仕事は楽しいですか？
これからも、LoveSoundメンバーのお人形仕事を期待してもいいですか？

10

Masculine & Romantic

Jump Star

Space Girls

9

LoveSoundのメンバー紹介！
全員がアパレル・ファッション業界で活躍するLoveSoundのメンバーたちのプロフィール。
また、ユニットの中でデザイン、パターン、サンプル縫製など、重複しながら作業をすることが多いのですが、その中でも各自の得意な分野を聞いてみました。子ども時代から現在まで、好きなお人形についても教えて頂きました。

レギュラーメンバー

ケン……プレタラインのデザイナー。デザイン、パターン、縫製全般に関わる他、お人形たちを生まれ変わらせる冴えた写真術で大活躍しています。好きなお人形は、'70年代頃のアメリカン・トイ。とくにアクションフィギュアに凝っていたことがあります

ユリ……もとメンズウエア・デザイナー。現在はメンズウエアへ転進、アドバイザーへ。子供の頃バービーが大好きだったそうで、ついついヘアカット遊びが過ぎて、スキンヘッドのパンク？なバービーを何体も誕生させてしまったとか…（笑）

haru……カジュアルラインのデザイナーです。「和装」の世界にハマってます。リカちゃんのファンだそうです

mana……外資系テキスタイルメーカーでマネージメント＆プランナーをしています。言語的な感性が鋭く、ポエトリカルなネーミングを提案します。撮影やHPで活躍、ジェニーやキサラ、ナオミがお気に入りです

サポートメンバー

ユウコ……フレンチ・レトロな雑貨店オーナー。雑貨感覚でドール＆アンティークな物を集めて楽しんでいます

トモミ……子供服のパターンナーです。アメリカントイが好きで、中でも「トイ・ストーリー」の大ファンでドール＆グッズをコレクションしていたこともあります

MASA……レディスウエアのパターンナーです。

——メンバーの中ではデザイナーとしてのキャリアが一番長い、頼れる存在。クールで冷静で繊細です。子供の頃、おもちゃに全く興味はなかったそうですが、現在では不覚にも！（笑）プライスにはまっているそうです

2003年
春
サポート・メンバーとしてユウコ、トモミ参加。

6月
[colette]（haru、MASA）

8月
「お人形MOOK Dolly*Dolly Vol.2」に、「styling up-to-you」新作写真を発表（haru、ケン）

11月
ドールショウ11に参加（haru、ユリ、ケン）

その他、お人形メーカーのお洋服のデザインを継続中（haru）

1 LoveSound Winter collection 2000/2001（以下LS）/Nostalgic Bohemian
2 LS/Romantic Military
3 Rise above the body（以下RB）1997年にケンとVASSALLO氏（造型師）が製作したモードフィギュア
　 www1.odn.ne.jp/~can31890/contents.htm/REVENGE
4 LS/Cute Marine
5 BREATHLESS「DOUBLE VISION」COLLECTION 2001/2002（以下BL）/Sweet & Cheap
6 RB/BLACK BERRY
7 BL/Black Steele
8 LS/Jump Star
9 BL/Space Girls
10 BL/Masculine&Romantic
※ 1〜10は、LoveSoundやメンバーが、オリジナルのフィギュアまたは市販の
　 ファッションドールモデルにコーディネートした作品であり、販売していません

今、注目のお人形服デザイナーたち

ルビー・イン・ザ・ソーダ

RUBY IN THE SODA

By Sachiko Ichihara

photo:Daisuke Yamashita
hair make:Akio Namiki (KURARA SYSTEM)
art works:Takeshi Sakaue
design:Satoru Kawaharada (polternhaus)
text:mayutan

毛糸の中でかくれんぼ。

動物柄のラブリーなワンピース
とハードなアイテムの組み合わ
せでミスマッチをねらいまし
た。さらに、ボリュームのある
モヘアのウイッグを合わせたイ
ンパクトのあるコーディネート
です。チョーカーと革のエプロ
ンは、余り革を工夫したもの。

モデル：ヴィンテージブライス
（ウイッグを使用）
靴：アゾンインターナショナル

ブティックでおかいもの。

25ページのワンピースに、デニムのワンピースを重ね着。二人がくつろいでいる手作りのブティックは、ブライスにピッタリの6分の1サイズ。壁や台は可動式で、目的別に形を変える事が出来ます。

モデル：ヴィンテージブライス
（両方ともウイッグを使用）
靴：アゾンインターナショナル

おしゃまなふたご、おやつをねらう。

セーターやソックスにはリブ生地を使い、ソックスにアーガイルの刺繍をあしらいました。重ね着しているブラウスのボタンはビーズを使用。スカートの生地は、既製品に布用絵の具で色をつけたもの。

モデル：右・ミス・アニバーサリー　左・チェリーベリー（両方ともウイッグを使用）
靴：アゾンインターナショナル

P25～33までのお洋服の作り方・型紙は巻末にあります。

interview
Sachiko Ichihara

Ruby in the Sodaのイチハラサチコさんは、普段はCMやCDのジャケット用のコスチュームのお仕事をされています。また個人的に、布を使ったリサイクル活動をされているとのこと。もしかするとお人形のお洋服作りにはピッタリの精神の持ち主なのかも!?

★お人形のお洋服を作るようになったきっかけは？

私の場合、ミュージシャンのステージ衣装を作る仕事が多いのですが、お人形のお洋服を作るのも、その延長線上にありますね。お人形という事を意識せずに、モデルとして見ているんです。最初はお友達の作ったオリジナルのお人形に衣装を作ったりしていたのですが、気付いたら色々なお人形をモデルとして見るようになっていました（笑）

★今回、3種類のお人形をモデルに作品を作ってみていかがでしたか？

ブライスは元々、お洋服のアイディアが湧き易いモデルだと思っていました。今回は前から気になっていたベッツィーやmomokoのお洋服が作れてすごく楽しかったです！ 特にベッツィーのガールズトリオの衣装は、普段の仕事に近いですね。

★お人形服を作る時のポイントは？

お人形一体一体に、細かい採寸表を作って、人間と同様、その子に合ったお洋服を作るようにしています。

それと、お人形服を作り始めてからますます物が捨てられないようになりました（笑）小さい端切れなんかも、お人形用として考えると立派に使えるので…。

★リメイク方法のポイントを教えて下さい。

例えば今回のリメイクだと、帽子をスカートにしたり傘をパンツにしたり、全然違う物を新しい発想で組み立て直しているんです。余り布やちょっとしたフリルなんかも印象をだいぶ替える事が出来ますし、イチから作るのは大変そうという方は、まずはリメイクがおススメです。

★Ruby in the Sodaについて詳しく教えてください。

Ruby in the Sodaというのは私が主催して

いるスペースの名前で、東京・西麻布にあります。ここでは月に1回程度の割合で、Live・絵本朗読会・フリーマーケットなど、様々なイベントを行っていますが特に、布を使ったリサイクルイベントに力を入れています。

また、以前から不定期に行っている22cmドールのお針子教室イベント「closet」も、来春辺りにまたやりたいなぁと思っているんです。

★イチハラさんの今後の展望を教えて下さい。

来年の秋冬から、子供服ブランドのデザインを担当する予定です。あとはやっぱり、人間と人形でお揃いの衣装を作りたいですね。今もそれに近い事はやり始めていますが、きちんと形に出来るといいなぁと思います。

Ruby in the Sodaの情報はこちらからどうぞ。
http://www.officek.jp/ruby/

ピンクのトランクでおでかけ。

60年代風のスペーシーなイメージの
トップスに合革のパンツやビニール
素材のブーツを合わせて。レプリカ
ブライスには未来ちっくなコーディ
ネイトがよく似合います。

モデル：コージーケープインスパイアード

秘密のおしゃべり。

モノトーンにポイントを置いた大人
っぽいコーディネイトです。
右：60年代のお嬢さん風・パイピン
グワンピースとジャケット。ブーツ
もお洋服に合わせて手作りです。
ジャケットには、博品館のリカちゃ
んCLUB67で購入したお人形用のボタ
ンを使用。
左：トップスとタイツに使用してい
るジオメトリック柄の生地はオリジ
ナル。巻きスカートにはフワフワの
フリル生地を使いました。

モデル：右・momoko ver.02DD（販売終了）
左・momoko ver.02HM（非売品）
靴（左のみ）：momokomono

Flower Power（BLA-22）
フラワーパワー

Weekend Artist（BLA-08）
ウィークエンドアーティスト

Sure and Sassy（BLA-23）
シュアアンドサッシー

Plum Blossom（BLA-19）
プラムブロッサム

Hole In One（BLA-26）
ホールインワン

Easy Going（BLA-20）
イージーゴーイング

Rainy Day（BLA-06）
レイニーデイ

リメイク／ティーフォートゥ

髪飾り●［Plum Blossom］の髪飾りに
［Flower Power］のモチーフを合体。
首飾り●［Plum Blossom］のかんざし
を利用。
トップス●［Easy Going］のタイトス
カートにピンクの毛糸をつけたもの。
スカート●［Hole in One］のベレー帽
にフリル加工し、［Sure and Sassy］の
リボンをあしらいました。
ブーツ●［Plum Blossom］のブーツに
オレンジのひもをつけました。

────
モデル：ティーフォートゥ

リメイク／ハリウッド

首飾り●［Hole in One］のゴルフバッ
グについていたバックルを利用。
ジャケット●［Hole in One］のジャケッ
トを裏返しにして、チェックの裏地
が表に見えるように作り替えました。
パンツ●［Weekend Artist］のパンツ
と、［Rainy Day］のパラソルを合体さ
せ、フリル加工しました。
靴●［Sure and Sassy］のものです。

────
モデル：ハリウッド
（髪の毛は布用染色剤で染色済み）

ガールズトリオ、宇宙でコンサート。

3人の着ているワンピースの生地は全てオリジナルで、イチハラサチコの手描きを元にプリントしたもの。ブーツも手作りで、3人おそろいです。

―――――
モデル：右／左・ヴィンテージのタイニー・ベッツィー・マッコール
中・タイニー・ベッツィー・マッコール　ベーシック・トスカ

ベッツィー・マッコールは、アメリカの大手型紙メーカー・マッコール社が出版していた婦人向けの総合家庭雑誌「マッコールズ・マガジン」から生まれた人形です。

'51年5月、最初のベッツィー・マッコールの付録として、6インチ（約15センチ）のペーパードールという形でデビューしました。翌'52年には、このペーパードールをもとに、ダークブラウンの髪で、寝かせると目を閉じるブラウンのグラスアイの身長14インチ（約36センチ）の人形が、アイディアル社から発売されています。

'57年になると、マッコール社はアメリカンキャラクター社と契約し、身長8インチ（約20センチ）の人形を発売します。これはベッツィー・マッコールのなかで一番有名なタイプで、スリープアイの機能こそアイディアル社の人形と同じでしたが、瞳はブルーで、髪色はブロンド、トスカ、レッド、ブルネットなどあり、膝に関節をつけて椅子に座らせることができるなど、その外見は大きく様変わりしました。ベーシックな人形はベビーピンクのキャミソールを着ていて、別売りの着せ替えドレスや、マッコール社が発売した専用の型紙で作ったドレスを着せて遊ぶようになっていました。

8インチドールが定着してきた'58年には、14インチと20インチ（約51センチ）の人形が発売されます。しかし、マテル社のバービーが発売されるとその人気におされ、8インチの人形と着せ替えパッケージをブリスターにしてコスト削減を計ったり、更にサイズの大きな発売が中止されたりしました。その後、結局'63年までに全ての発売が中止となりました。その後、ユニーダやホースマンといったメーカーが、バービーを意識したティーンエージャー風の人形を次々に発売しますが、人気は今ひとつでした。その反省からか、'80年代にはトミーやロスチャイルドから、ノスタルジックなテイストのものが発売されています。

'96年、ロバート・トナーがデザインした14インチの全く新しい人形がトナードール社から発売され、人気は再燃します。そして生誕50周年を目前に控えた'00年、新世紀を記念してアメリカンキャラクター社の8インチドールが「タイニー・ベッツィー・マッコール」という名称で復刻されました。『マッコールズ・マガジン』は残念ながら'01年3月に廃刊になりましたが、ベッツィー・マッコールはこうして現在も生き続けています。

気になる
タイニー・ベッツィー・マッコールのことが
全部わかる!!

めまして McCall

「Birthday Party」
（ヴィンテージ）
美人顔のベッツィー。
ひざ下が
ぶらぶらして
しまっていますが、
それ以外の
状態は良好。

「Variegated in Pink」
（ヴィンテージ）
目が開閉しなくなって
しまっていますが
それ以外の状態は良好。
お洋服はすべてオリジナルです。

「School Girl」
（ヴィンテージ）
親しみやすい顔立ちで
とても気に入っています。
赤い靴はとてもレアな
アイテムです。

※お人形とお洋服は当時売られていたままのセットではありません。

ヴィンテージ・ベッツィー◎1957年版とそれ以降の見分け方
（アメリカンキャラクターより発売）

1958年以後の顔

1957年版の顔

顔

'58年以降に発売されたベッツィー・マッコールには、初年度に発売されたものに比べていくぶん細面で、面長気味のヘッドが使用され、瞳も少し大きめに作られていました。

ヴィンテージ・ベッツィーもスリーピングアイなので、寝かせると目が閉じ、立たせると目が開きます。

今、街で大人気!!

Tiny Betsy
はじ

文：たいらめぐみ
Text by Megmi Taira

協力：寺田玲子
cooperation by Reiko Terada

アメリカで50年以上も愛されているお人形「Betsy McCall」（ベッツィー・マッコール）。型紙メーカーのペーパードールとして誕生したベッツィーは長い年月の間多くのメーカーを渡り歩き、そのつど様々な姿に変わっていきました。そして、2000年、トナードール社が復刻した「Tiny Betsy McCall」がお人形ファンの注目を浴びています。アメリカでは品切れ状態になるほどの人気ぶりというタイニー・ベッツィー・マッコール。その魅力をたっぷりとお伝えしましょう。

ベーシック
（ヴィンテージ）
ヴィンテージとは思えないほど顔色が良い。足に茶色のしみがついていましたが、汚れ取りで綺麗に落ちました。

「Town and Coutry」
（ヴィンテージ）
1957年度のブルネットです。足のジョイントはプラスチックでウィッグの土台は布製。

●ベッツィー年表

- 1951年以前
  - マッコールズマガジン人気
- 1951年
  - マッコールズマガジンの付録としてベッツィーのペーパードールが登場
- 1952年
  - アイディアル社より14インチのベッツィーが発売（初の立体化）
- 1957年
  - アメリカンキャラクターより8インチのベッツィーが発売される（現在復刻されているベッツィーの原型・全18種）
- 1958年
  - アメリカンキャラクターの8インチベッツィーのヘッドが後期タイプ（丸顔）になる
- 1959年
  - アメリカンキャラクター14・20インチを発売
- 1959年
  - ブリスター入りのアウトフィットが登場
- 1959年
  - アメリカンキャラクター36インチのベッツィー・サンディー・リンダを発売
- 1960年
  - ベッツィー登場「バービー登場」
- 1960年
  - ベッツィー・マッコール スターターセット（ブリスターにベッツィーが入っている）を発売
- 1961年
  - アメリカンキャラクター22・29インチのベッツィーを発売（翌年生産中止）
- 1963年
  - アメリカンキャラクター8インチベッツィーの製造を中止
- 1964年
  - ユニーダ社11.5インチの中学生ベッツィーを発売（マテル社のバービーやアイディアル社のタミーちゃんに対抗）
- 1974年
  - トミー16インチベッツィーが発売
- 1976年
  - トミー・ベッツィー発売中止
- 1996年
  - ロスチャイルド社35周年記念ベッツィー8インチを発売
- 1996年
  - トナードール社ボーセリン・ビニールなど各種の14インチベッツィーを発売
- 2000年
  - トナードール社タイニー・ベッツィー・マッコール復刻版発売

ヴィンテージ・ベッツィー◎1957年版とそれ以降の見分け方
（アメリカンキャラクターより発売）

髪

初年度は布にソフトモヘアを植毛したのかつらでしたが、'58年にはゴム地にサランを植えたかつらになり、'60年以降は更に髪質が変わってスタイリングしやすくなりました。

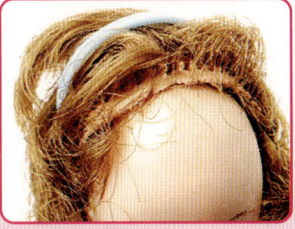

'58年以降：
ゴムのかつらに髪が植毛されている

'57年：
ネット状の布に髪が植毛されている

ボディー

膝のジョイントは初年度はプラスチックでしたが、'58年以降は金属になっています。通常はボディーの腰にマッコールの刻印がありますが、刻印のないバージョンもあります。

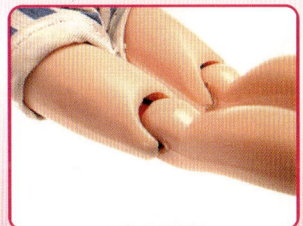
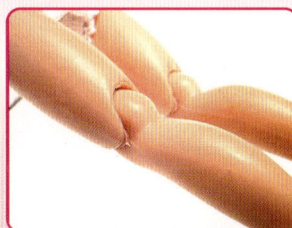

'58年以降：
ジョイントが金属

'57年：
ジョイントがプラスチック

「Holiday」（ヴィンテージ）
状態が良い割りにとても安価だったベッツィー。顔もかわいいので気に入っています。

「School Girl」（ヴィンテージ）
ワンピースとパンティーは同じ柄。このタイプで赤いアップリケがついているものもあります。パンティーのゴムがゆるんでさがってきてしまいました。

「Play Time」（ヴィンテージ）
始めはベッツィーのものではないドレスを着ていたのですが、ヴィンテージのアウトフィットに替えました。

"Betsy McCall A Collector's Guide"
by Marci Van Ausdall

トナードール社の14インチドール発売まで、約半世紀の変遷を解説したコレクターガイド。アメリカンキャラクター社の人形と着せ替えドレスのコレクションは特に圧巻です。(Hobby House Press発行 ISBN0-87588-547-0)

手するのはなかなか大変です。

産（人形付きも同様）なので、気に入ったドレスを入

なかわいらしさに満ちたドレスは2000着の限定生

に着せ替えドレスを作っています。でも、クラシカル

ッツコールズ・マガジン」の昔のペーパードールをもと

ル」は、こうしたイメージを壊さないように、「マ

トナードール社の「タイニー・ベッツィー・マッコー

も服の型紙も売り出していました。

のドレスの型紙と一緒に、ベッツィー・マッコール用

ドレスを作れるように、帽子やバッグ以外には、子

時代を感じさせられます。そこで、マッコール社は母親が娘に人形とお揃いの

娘に着せてみたいと思うようなデザインでもありまし

く、それを活かすために当時の新素材であるナイロン

も使われていました。乗馬服やスキーウエア、パジャ

マくらいしかパンツルックが見あたらないところにも

どもらしさを損なうような華美なアクセサリーはほと

んどありません。このようなドレスは、母親が自分の

た。全体的にふんわりと柔らかなラインのドレスが多

が着てみたいと憧れるようなデザインになっていまし

白のようなウエディングドレスなど、'50年代後半の少女たち

姫さまのようなロングドレスやバレリーナの衣装、純

の着せ替えドレスは、バフスリーブのワンピース、お

特に、アメリカンキャラクター社の8インチドール

い着せ替えドレスにもあります。

ベッツィー・マッコールの魅力は、そのかわいらし

ベッツィーの魅力は豊富でカワイイお洋服!!

Tiny Betsy McCall

「Bride」（ヴィンテージ）
私のヴィンテージベッツィーの中では一番の宝物。
ほぼ完璧で新品同様の状態で手に入れました。
ベールは着脱可能です。

これが付属のパンフレット。ベッツィー
を持っている女の子のお話がコミックで
掲載されています。また同時期に発売さ
れていた商品がイラストで紹介されてい
て、楽しくて便利な作りになっています。

シアーズ限定 箱入り・パンフレット付き
（ヴィンテージ）
とても珍しいロングヘアベッツィー。
箱とパンフレットが揃っているものは高価です。

レプリカコレクション（2000年〜現在）

ベーシックブロンド
（2001年）
このベーシックブロンドは
1年で廃盤になったうえ、
初期顔なので貴重品です。
初期顔は2001年のみ販売されました。

「Tiny Drew」
（2002年）
Betsyコンベンション
500体限定アイテム。
Tiny Ann Estelleが登場するまで
ベッツィーの唯一のお友達でした。

「Spring Luncheon」
（2001年）
350体限定の珍しい一体。
フラワーバスケットが付属。
別売り品のミニドールと
一緒に購入しました。

「Goes to the Movies」
（2002年）
96体限定のトスカヘアの
ベッツィーです。オークションで購入
したのですがまだブームになっておらず、
他に入札者がいませんでした。

Tiny Betsy McCall

「Betsy's Favorite Teddy」(2001年)
Disney World内で開催された
Epcot Teddy Bear and Doll Weekend
500体限定アイテム。

「Teatime with Teddy」(2002年)
The Toy Shoppe300体限定アイテム。
エプロンドレスにはとても細かい
ベアの刺繍が施されています。

レプリカ
コレクション
(2000年〜現在)

今回お写真で紹介したヴィンテージと
トナードール社のお人形はベッツィーコレクターの
寺田玲子さんにお借りしたもの。
ヴィンテージ22体、
トナードールタナー社の
レプリカを35体持っている
という寺田さんにお話を伺いました。

「初めて買ったPiano Recitalを手にしたとき、小さいのにお人形もお洋服もとても精巧にできていて感心しました。それからコレクションを始めたのですがヴィンテージは一体一体顔つきが違うのが魅力的ですね。今は主に自分好みのかわいい顔のベッツィーを選んでイーベイというオークションで買っています。イーベイの出品者さんは海外発送しない方が多いので、現地の友人に頼んで受け取ってもらっています。その友達も最近集めだしたそうで、私のベッツィー好きが移ってしまったのかもしれませんね。(笑)
これからもベッツィーを通じて世界中のいろいろな方と知り合い、交流を深めていきたいと思います。」

「Loves Bunnies」(2002年)
髪の毛が固めにまとまっているので、
崩れないので扱いやすいです。
顔がかわいいので人気商品でした。

「Ready to Travel」(2000年)
初代ベッツィー。
UFDCシカゴコンベンション500体限定アイテム。
私にとって一番の宝物です!!

今すぐベッツィーが欲しくなってしまった方へ
現在発売されている商品をご紹介しましょう!!

★『ハロウィン トランクセット』
ハロウィンにちなんだコスプレ衣装がたくさん詰まったトランクセットです。黒髪ストレートのベッツィは初登場。
1万9800円
1月下旬発売予定

★『クリスマス トランクセット』
クリスマスらしい赤と白を基調としたトランクの中にはテディベアやツリーなど楽しいアイテムがぎっしり。
1万9800円
12月下旬発売予定

トイショップ
アメリカ「The Toy Shoppe」で限定発売されたベッツィ。おもちゃがたくさん入ったショッピングバッグを持っています。
500体限定
オープン価格

グルーヴィー・ガール★
ブルーのチェックワンピースの上にはダブルの白いコートと帽子をコーディネート。
8500円(予)
1月下旬発売予定

★コージー・ケープ
外はねヘアとニット帽が可愛くマッチしています。千鳥格子のケープはスカートとお揃い。
8800円(予)
1月下旬発売予定

ベッツィー・ベーシックス★
ブルネット
毎年発売されているお人形単体のベーシックアイテム。髪色は数種類あり、年によって違います。
7500円(予)
1月下旬発売予定

★マークがある商品はキューティーズで通信販売を行います。詳しくはお電話でお問い合わせいただくか、HPをご覧下さい。

※トナードール社の「タイニー・ベッツィー・マッコール」の日本総代理店はキューティーズです。今後ますます多くのベッツィ商品を入荷する予定ですので、おもちゃ屋さんやフィギュアショップでも手軽にベッツィを購入することが可能になります。また、テーブルオン・カントリー・ストアやBICなどのお店では日本では手に入りづらい限定アイテムなども取り扱っています。

問◎キューティーズ 03-3865-2516
www.cuties.co.jp(オンラインでもお買いいただけます)
東京都台東区蔵前4-34-5

中原淳一とお人形

画家、エディター、ファッションデザイナー
そして「美しく生きる」ことを提案するマルチ・プロデューサーとして
多彩な活動を続けたアーティスト、中原淳一。
彼の創作活動の原点である「お人形」を通して
淳一ワールドをのぞいてみませんか？

花束
白いドレスに真っ赤なリボンが可憐な、
淳一のフランス人形の代表作のひとつ
です。昭和7年制作。

文：小倉 東
写真：塩川 渉（工画堂スタジオ）／43ページ、
　　　飯田安国／39、41ページ（平凡社刊 別冊太陽『中原淳一の人形』より）
協力：ひまわりや、タカラ

中原淳一の世界

お人形作家、画家、エディター、
そして、ファッションデザイナー……。

中原淳一。人形作家であり、画家、イラストレーター、エディター……。そして日本の女性に「美しく生きる」ことを提案し続けたプロデューサーとしても活動を続けたとても素晴らしいマルチ・アーティストです。

彼が描いた、ぱっちりとした目の、それこそ「人形のような」という呼び方がぴったりの少女たちの絵があまりに有名で、もしかしたら最近の若い方には画家／イラストレーターとしての中原淳一がもっともよく知られているのかもしれませんね。

そんな皆さんといっしょに淳一の多彩な世界をのぞいてみることにいたしましょう。

中原淳一の創作の原点は人形作りでした。

淳一が生まれたのは、大正2年。絵と読書が好きな子供だったといいます。そんな淳一が人形作りに目覚めたのは、家の近くにあった毛糸屋のショウウィンドウに飾られたリリヤーンの人形を見たときだったと、後に彼自身が語っています。

その夜、十一の僕がそのお人形を作りはじめたのでした。もちろん作り方も何も知りませんが──針金で形を作り、その上にあり合わせの白い毛糸を一生懸命巻き付けて、体だけは作り上げたのです。そうして床についてからも、もうじっとはしていられないような嬉しさが、体の中からこみ上げてくるようでした。〈昭和8年記〉

昭和6年、18歳の淳一に転機が訪れます。

彼の作った人形を見た人が、彼に展覧会をするように勧めたのです。話はあっという間に進み、「中原淳一フランス人形展」が開催されます。当時は、今でいう創作人形というものは存在していませんでしたから、淳一の人形は大変な評判を呼びました。

日本の創作人形作家の第一人者となった淳一の作品は、辻村ジュサブローら、後の人形作家たちに大きな影響を与えることになるのでした。

そして、この展覧会を取材にきた雑誌「少女の友」は、淳一の画家としての才能を高く評価し、挿絵画家として抜擢します。

これがきっかけで淳一の輝かしいキャリアがスタートするのです。

いずれも淳一の戦前の絵葉書です。
①②③皇軍感謝絵葉書
（慰問用につくられた絵葉書）、
④「月」、⑤「お染」、⑥「春宵粧」

① ② ③ ④ ⑤ ⑥

お知らせ
2004年春、中原淳一氏のほぼコンプリート絵葉書集が発売予定です。戦前・戦後の現存する淳一絵葉書が一冊に集まった、めくってもめくっても淳一美少女の、大ボリュームの1冊。ご期待下さい。

「中原淳一全絵葉書（仮）」中原蒼二編
B6版変形・カラー400ページ、予価2,600円（税別）
お問い合わせ　グラフィック社業務部　TEL:03-3263-4318
※タイトル、使用、価格、発売時期には変更の可能性があります。

「きものの絵本」昭和28年1月
昭和15年に創刊された淳一初の単行本のシリーズ。淳一のデザイン画とともに、ファッションのアドバイスが載せられたスタイルブックです。

「それいゆ」昭和33年
淳一自身が出版を手がけた雑誌「それいゆ」。昭和35年に淳一が病気で廃刊を余儀なくされるまで、14年間にわたって全63冊が発行された。

「ジュニアそれいゆ」昭和34年
昭和29年に創刊された、「十代の人の美しい心と暮らしを育てる」をキャッチフレーズにした明るくポップなティーン雑誌。

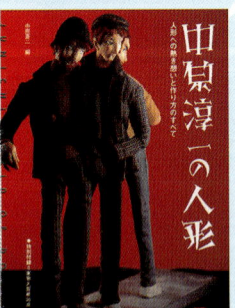

別冊太陽スペシャル
「中原淳一の人形」平凡社発行
人形作家中原淳一のすべてを、豊富な写真と淳一自身の言葉で紹介しています。彼の代表的な人形作品の作り方が型紙とともに、写真図解で詳細に説明されており、お人形ファンには嬉しい一冊です。

エディターとしての中原淳一

淳一の挿絵や表紙は読者の人気を呼び、彼は「少女の友」にはなくてはならない存在となっていくのです。そして、次第に編集へも参与していくのです。彼が自ら描くデザイン画で、ヘアスタイルや持ち物のコーディネイトまでも含めた、少女たちのファッションを紹介する「女学生服装帖」というページは大変な評判を呼びました。ここから始まった、女性としてのトータルな美しさを提案したいという淳一の思いは、新雑誌「それいゆ」へと結びついていきます。

終戦間もない昭和21年、淳一は「それいゆ」を創刊します。戦争によって夢を失った女性たちに向けた、美しく、賢く、前向きに生きるための雑誌づくりは、現代の女性誌の原点ともいえるものでした。

淳一は単行本「きものの絵本」をはじめ、少女に向けた雑誌「ひまわり」「ジュニアそれいゆ」……次々と人気雑誌を生み出し、編集者としても才能を発揮していきます。いずれの雑誌も淳一のファッションセンスに満ちてはいますが、目に見える服装やヘア、メイクの提案だけではなく、その根底には「美しく生きる」ための淳一流の哲学といったものが流れていたのです。

ピバ子
今ではあまり見かけなくなった抱き人形です。立たせると高さ60センチになります。

セニョリータ
豪華なドレスに身を包んだ、ドラマチックなフランス人形。

振り袖のお人形
きものを着たぬいぐるみ人形。襟の抜き具合や袖の長さ……着付けの仕方も絶妙ですね。昭和37年制作。

辻音楽師
今見ることの出来る淳一の最古の人形です。淳一は晩年にも男の子の人形を作りました。

淳一ファッションの再評価

そんな淳一の生み出してきたファッション・スタイルが、ふたたび注目を集めています。

彼が「それいゆ」をはじめとする雑誌で提案してきたファッションは今見ても新鮮で、まったくといって良いほどその魅力を失っていません。それはきっと、人形作家としてもつちかわれた美意識ゆえのものではなく、生き方にも通じるものだと考えていたからではないでしょうか。

ファッションにしても、生活にしても、あまりに情報が溢れてしまった現代。何が正しくて何が本当に必要なのかが、見つけにくくなってしまっているのです。そんな私たちに、彼が提案するシンプルだけど美しいドレスの数々や、当たり前のように思えるけれど大切な「美しく生きる」ための基本が新鮮に感じられるのかもしれません。

そして、ファッションデザイナーとしての中原淳一の魅力を再発見する、こんな展覧会も開催されました。10月1日〜30日まで、大阪・近鉄百貨店で開催された「中原淳一・おしゃれの小部屋」です。雑誌「MORE」

の美輪明宏さんの連載ページのために淳一のデザイン画をそっくりそのまま再現した淳一のデザインしたドレスを着たリカちゃんが展示されました。

皆さんも、あらためて淳一ファッションを見直してみてほしいと思います。色のバランスや、素材とかたちの組み合わせ、ちょっとした着こなしのヒント……、忘れかけていた「美しさ」の基本があります。そして、それは「生き方」にも通じるシンプルな「美しさ」の哲学なのだと、中原淳一は語りかけてきます。

10月1日〜30日、大阪・近鉄百貨店で開催された
「中原淳一・おしゃれの小部屋」の模様です。

展覧会のお知らせ
「没後20年 中原淳一展 ―― 装う、暮らす、生きる。
すべてに「美」を求めた芸術家の生涯」
現存するほとんどすべての、初期から晩年までの雑誌表紙、スタイル画、挿絵、戦前に描かれた油絵のほか、淳一のデザインによるウエディングドレスや、淳一が「新婚の家庭」をテーマにした室内インテリアを再現したりと、500点もの作品によって中原淳一ワールドを紹介します。
2003年11月23日〜2004年1月12日
北海道立函館美術館 TEL:0138-56-6311、
URL, http://www.dokyoi.pref.hokkaido.jp/hk-hakmu
2004年2月12日〜2月24日
大丸ミュージアム・東京
（東京駅大丸百貨店12階／TEL 03-3212-8011）
中原淳一に関する情報は……公式ホームページ
http://www.junichi-nakahara.com まで。

淳一ドレスを着たリカちゃんです。製作はタカラ。
ノスタルジックでアンニュイ、モダンなリカちゃんと少女が見事にひとつになりました。!

ミキちゃん・マキちゃん

初代ミキちゃん・マキちゃん

3代目ミキちゃん・マキちゃん

2代目ミキちゃん・マキちゃん

DATA

| 身長　約10.5センチ | 最初に発売された年　1974年 |
| メーカー　タカラ | 価格帯　900円 |

左の目の下にほくろがあって、はにかんだように目を細めているのが恥ずかしがり屋の姉のマキちゃん。ほくろがなくて、パッチリ目を見開いているのがおてんばな妹のミキちゃん。双子のふたりは、有名なリカちゃんの妹です。'74年に発売された時は赤ちゃんでしたが、'87年にカコ・ミク・ゲンのみつごの赤ちゃんが誕生するとともに成長し、現在では4歳の幼稚園児になっています。人形は'79年に髪型などがマイナーチェンジしたのを含めると、20年間で3回モデルチェンジされています。'91年には初めて幼稚園のお友だちが登場。'96年以降その数は急増し、年長のリカちゃんやフレンドドールが幼稚園児になったタイプまで発売されています。

4代目 ミキちゃん・マキちゃん（1987年）

人

大空だいくん・ゆうくん（1996年）

「ようちえんのおともだち」（1990年）

形

最近お人形ファンの間で1/6ドールよりも小さいサイズのお人形がにわかに脚光を浴びています。手のひらサイズがカワイイ！たくさん集めても場所をとらない!!　というのが人気の秘密のよう。発売しているメーカー側にも「単価が安く、新しい客層に受け入れられる」、「雑貨売り場に進出できる」などの利点があり、続々と新作がリリースされています。Dolly Dollyではそんなちっちゃなお人形を「ちびちび人形」と名づけて、古今東西いろいろなものを集めてみました。まずは日本のちびちび人形の代表格、リカちゃん「園児シリーズ」全員集合からスタートです!!

Text：たいらめぐみ　イラスト：タケヤマ・ノリヤ　協力：文珠デザインスタジオ

「あいうえおともだち」（1997年）

「うんてんだいすき」かなちゃん（1996年）

「みつごのナースちゃん」（1997年）

「ようちえんトリオ」（1997年）

「リカちゃんフレンド」（1997年）

※年代は最初に発売された年です

ハーイみなとちゃん　ハーイそらくん
「海のおともだち」1998年

マロンくん　クリームちゃん
「くるくるベーカリー」1998年

アイスちゃん　ミルクちゃん　ショコラちゃん　シャルルくん
「パリのおともだち」1998年

集まれ!! ちびちび

すやかちゃん　きらちゃん　えみりちゃん
「なかよしようちえん」1999年

ハーイこえだちゃん　ハーイきのみくん
「山のおともだち」1998年

ターラちゃん　チャールズくん　キャンディーちゃん　メガネくん
「なかよしようちえん」1999年

みはるちゃん　メイレイちゃん　ボンボちゃん
「なかよしようちえん」1999年

4代目　3代目　2代目　初代
「リトルリカちゃん」2003年

いろんな ミキちゃん・マキちゃん
〈ギミック付き・スペシャルバージョンの一部をご紹介します〉

BABY PINKHOUSE（1996・1997年）
なかよしセット わくわくおゆうぎ会（1996年）
ラブォーレディアキッズオリジナル・ネコトール（1993年）
たのしいひなまつり（1997年）
なかよしセット 晴着でおでかけ（1996年）
スマイルシリーズ（2000年）
ヘアチェンジシリーズ（1999年）
くるくるインラインスケート（1998年）

ちびちび メイキング

着せてあげたい
この子だけのお洋服も
小さくて少し大変だけど

ソーイングマイウェイ

このメイキングで使用したのはプチブライスのお裁縫セット「ソーイングマイウェイ」。プチブライス1体と、ヴィンテージ風生地3種、ピンクッション、トルソー、メジャー、糸巻きなどがセットになっています。発売中 各3000円

※ふわふわクマとベビードール

ソーイングマイウェイの生地の中から柔らかくて暖かい感じがする小花模様を選びました。同じように柔らかい生地と接ぎ合わせてベビードールを作りました。裾のバルーンとふわふわクマ帽子とクマ足で、のほほんと暖かいお洋服です。お人形の髪の毛はお湯パーマして少しカット、前髪はディップで固めてスタイリングしています。
（コスチューム制作：モモリータ）

※着ぐるみプチブライス

プチの着ぐるみシリーズが新登場！

↑●ポセイドンズトレジャー：ビーズのヘアアクセサリーとスパンコールドレスがキラキラ綺麗なマーメード。ヘアはアクアブルーのロングウェーブ。アイカラーはブルー。12月24日発売予定 1800円
※この画像は最終仕様ではありません

●フィーラインファンシー：黒ネコをイメージしたプチブライス。星型のアクセサリーが耳とドレスについています。ヘアは毛先がカールしたエメラルドグリーンのショートボブ。アイカラーはグリーン。12月24日発売予定 1800円
※この画像は最終仕様ではありません

●ベアハグ：フードについているミツバチと胸元のボンボンボタンがキュートなクマの着ぐるみ。ヘアはブラウンメッシュのボブ。アイカラーはオレンジです。12月24日発売予定 1800円

※Newプチブライス

今年の秋冬はプチブライスのリリースラッシュ!! すべてNEW eye ＆ ボディ仕様です。

チびブライス 発売中 3500円 とピンクのヘアがキュートなオリジナルプチ ドールドール・ブードルの刺繍入りドレス ●ポップアップワールド ピンキードゥー

●限定ベルベットメヌエット：うさぎをイメージした耳つきケープに白いフレアワンピース。アイカラーはライトグリーン。ヘアは前髪ありのブラウンのストレートロング。1月発売予定 3000円

今後発売されるプチブライスをいち早くご紹介！

→●CWC限定フェアリーガール：ピンクの花びらのようなドレスに薄いグレーシャドウが神秘的。アイカラーはグレーでメイクはホワイトの超ロングカール。12月16日発売予定 3500円

●アズテックアライバルインスパイアード：以前発売されたネオブライスの中で人気の高かったアズテックをピックアップ！発売中 1800円

●トータリータータン：トラッド＆ガーリーな英国風プチブライス。コートを脱ぐと明るいグリーンベースのタータンチェックワンピースになります。発売中 1800円

●ベリーインスパイアードバイバウワウポンチョ：オールインワンとポンチョを羽織った人気のスタイル。アイカラーはブラウン。ヘアはライトブラウンのウェービーロング。1月発売予定 1800円
●スケートデート：白いフワフワセーターにニット帽、明るいブロンズロングヘアとピンクのメイクは雪景色にピッタリ。アイカラーはブルーでメイクはブラウンシャドウです。1月発売予定 1800円
●ティーフォーツー：グリーンをベースにしたAラインのワンピースはグリーンのベストでアクセントをつけて。アイカラーはグリーンでフェミニンなロングヘア。茶器セットつき。2月発売予定 2500円

●ポップアップワールド ミッドナイトアワー：個性的なエナメルドレスとアフロヘアのカッコいいブライス。パープルのウサギちゃん付き。発売中 3500円

写真：小野寺宏友

❊ちびちび60'S ❊この作品の作り方、型紙は巻末にあります

ノスタルジックテイストの2代目リトルリカちゃんには「モーレツ娘!!」風がお似合い! ボーイフレンドのだいクンと一緒にミュージックに合わせて今にも踊りだしそう!! 作者RINさんはサーク

ル名『K's Doll Gallery』でイベントに参加。中でも「ちびっこ屋」で園児服をメインに作っています。(コスチューム制作：RIN)

「Cutie and dolls」Tuttiのギフトセットスタイル。家具はすべて手作りで木製。家はダンボールでできています。Cutieの人形はすべて樹脂で作成、プラモ用のカラーで色付けしました。髪は植毛、洋服は、プリンターでプリントアウトしたものをカットし、人形に糊付けしてあります。

青緋（あおい）さん

趣味で「BCBG・PRJET＝青緋＝」というサークル名でドールイベントに参加。お人形好きと「ベルサイユのばら」好きが高じてお人形作りを始めました。タカラのLineがオスカルのコスプレをした作品がきっかけで1/6サイズからはじまり、ドールハウス制作を趣味にしているご両親の影響で1/12のコンパクトドールも製作。この作品は「le bal a Versailles（ヴェルサイユの舞踏会）」というタイトルです。

「Tutti and dollhouse」ドールハウスの家具等はすべて手作りで、粘土、木材、ダンボールでできています。左のミニドールはイタリアのドールファンの間でも注目の的。横の1ユーロ（直径約2.3cm）との比較をご覧下さい。本当に小さい!!

「不思議の国のアリス　ギフトセット」初期の作品で、もともとは「バービーバザー」のカレンカヴィアーレさんが所有していました。当時、カスタムドールはまだまだとても珍しいものでした。

マウロ マルケッテイさん

約8年前からドールのカスタマイズをするようになったというマウロさんはイタリア在住。いまではドールアーティストとしても有名で、コンベンションに出品するといち早く彼の作品を見ようと、ブースの前に行列ができることも。Doll Collectors Club Italiaのグラフィック担当としても活躍、最近ではバービーのミニNRFB outfit,NRFB dollなどを発表し、コレクター間では話題になっているそうです。
http://web.tiscali.it/meandmydolls/

「JuniorZokko」バービーのZOKKOをTuttiで再現。スカート地は水色に着色。ブーツは粘土で作りました。

✳ **Kelly**

身長約10センチの小さなケリーは、'95年に発売されたバービーの妹。ロレーナやベリンダなどフレンドドールを集めた「ケリークラブ」は、毎回テーマに合わせて作られるかわいらしいコスチュームが人気の商品です。

ケリークラブ・ホリデー
テーマはクリスマス・ホリデー。ストラップ付きの人形は、クリスマスツリーのオーナメントとしても使えます。各1200円

このところたくさんのメーカーから小さいサイズのお人形が続々とリリースされ、ちびちび人形が大ブレイクの予感！ みんな可愛くてどれもこれも欲しくなっちゃいます。おちびちゃんは好きなだけ集めても場所を取らないのがいいところ!! 早速お気に入りのおちびちゃんを買いに出かけましょう。

Text：たいらめぐみ

ケリークラブ#8
テーマは"Seasons"。四季に合わせた装いの人形は、シーズン毎に1体ずつ飾っても、全部揃えて並べてもステキです。各900円

ケリークラブ#7
テーマは"Dream"。小さなティアラをつけたお姫さまや妖精のコスチュームは、ファンタジックな夢の世界に誘います。各900円

バービーの白鳥の湖　ケリーアソート
魔王ロットバルトの魔法で森の動物に変えられたケリーたちは、ＣＧアニメーション『白鳥の湖』の関連商品です。各1200円

トミー・アズ・エルビス・ギフトセット
ステージ衣装や映画『監獄ロック』のコスチュームで、ロックの帝王プレスリーになりきるＢＦトミーのセット。5800円（予価）12月発売予定

問 バンダイお客様センター 04-7148-5571 http://www.barbie.channel.or.jp/

マクドナルド　ハッピーミールにも ちび ちび が登場!!

✳ **BRATZ**

日本ではタカラが通常サイズとミニサイズをリリースするアメリカのブラッツもハッピーミールのおまけになりました。布製の洋服は着脱可能。（帽子は不可）頭部・腕・腰が可動するので着せ替えも簡単。大きさは約13センチです。

✳ **Madame Alexander**

'02年4月にアメリカのマクドナルドで、ハッピーミールを食べると購入することができたマダムアレキサンダーのちびちび人形。寝かせると目を閉じるギミック付きで、80年の歴史を誇るアレキサンダーらしい作りです。

★'03年10月には新バージョンが頒布されました。

❋ LIL' BRATZ

世界中で大ヒット中のブラッツが、'03年新たに身長12センチのミニサイズ・ドールになって登場！ ドールとアウトフィットをそのまま持ち運べる便利なバッグ入りです。

リルブラッツ　パック
クールなタウンファッションのドールに、着せ替え用のアウトフィットとシューズが付いた基本セットです。各1200円

身長約9センチの小さな豆momokoがセキグチから発売されます。PetWORKsドール事業部が監修した人形は、小さくてもきりりとした顔立ちで、色々な着せ替えが楽しめます。'04年新春発売、各1500円（予価）※スタンドつき

エンジェル　　　ロリータ　　　モンチッチ

ハーツ　　　　　ストリート　　　トレンド

リルブラッツ　トート
少し大きめのトートバッグにドールと着せ替え用のアウトフィット、アクセサリーがいっぱい入った豪華版です。各2800円

間 セキグチお客様サービスセンター 0120-041903

Produced by SEKIGUCHI Co., Ltd.
mamemomoko™© PetWORKs Co., Ltd.

間 タカラ 03-5680-2041　http://www.takaratoys.co.jp/　

❋ Living Dead Dolls MINI

怖くてかわいい独特の雰囲気でコレクターを魅了するリビング・デッド・ドールズにも、身長約11センチの「ミニシリーズ」があります。もちろん、パッケージは棺桶型!!

ミニシリーズ3
ロッティやリリスなど「ミニシリーズ」に加わった5人の新しい仲間。1500円（予価）

ミニシリーズ2
骸骨柄パジャマのサディーなど全5種類。首吊り紐型ストラップ付き。各1500円

間 やまとカスタマーサービスセンター　03-3865-8211　http://www.yamato-toys.com

ちびちび人形コレクターのたいらめぐみさんが、貴重なコレクションを大公開。「え、こんな子いたの!?」
「わ！ カワイイ〜」そんな声が思わず出てしまう、古今東西ちびちび人形がバリエーション豊かに大集合しました!!
今回はサイズ感が伝わるように、1タイトルに1つを1/1スケール（実寸大）または1/2スケールでご紹介します。
そのチビチビ感を実感して下さい。

構成・文：たいらめぐみ　イラスト：タケヤ・マノリヤ
協力：高見峰雄、KOKKO

Liddle Kiddles
キッドル

DATA		
身長	約2〜9センチ	
メーカー	Mattel,Inc.	
最初に発売された年	1966年	
価格帯	450円〜	

非常に珍しいキッドルのハウス "Kiddle Kolony"

1/1 SCALE

"Storybook Kiddles" のピーターパン

目を閉じてベッドで眠る眠り姫

9センチサイズ唯一の黒人のお友だち
"Rolly Twiddle"

お揃いの服を着た "Teresa"(左)と"Lenore"(右)

大きめのヘッドに、針金入りで自由に手足が曲げられる小さなボディ。デフォルメされた等身のちびちび人形ブームの火つけ役になったキッドルは、テレビの電波にのって次元を越えてやって来たという設定で登場し、絵本付きの「ストーリーブック・キッドル」、瓶入りの「コーラ・キッドル」など、数多くのシリーズが発売されました。シリーズごとにサイズも色々で、宇宙人や動物のバージョンまでありました。'71年に生産中止になりますが、'76年にはペンダントになる「ラッキーロケット」が、'79年にはお菓子型ケース入りの「スイートトリート・キッドル」が再版され、'90年代になっても別会社から同名の人形が発売されるほどの根強い人気です。

ちびちび人形との出会い……

十数年前の冬の日の事です。フリーマーケットの片すみで、永年憧れていた「クロンボリカ」が、他の人形と一緒にお菓子の空き箱に入れられて、セットで五千円で売られているのを見つけました。学生だった当時のわたしには決して安い金額ではありませんでしたが、マニアショップのプレミア価格を考えるとかなりの掘り出し物。喜び勇んで購入し、家に帰って箱から一体ずつ人形を取り出していくと、奥の方から、他の人形よりひとまわり小さな手のひらサイズの人形が出てきました。小さいサイズの人形といえばリカちゃんの弟妹などしか思い浮かばなかったわたしにとって、小さいながらも大人のプロポーションをもち、ドレスに合った色の靴をはき、膝や腰、首まで動くその人形は衝撃的なものでした。気がつくと、「クロンボリカ」そっちのけで、その小さな人形を矯めつ眇めつ眺めている自分がいました。こんなに心動かされる人形なのに、どうしても名前を思い出せません。子どもの頃おもちゃ屋さんで見かけた時には、こんな凝った作りになっているとは知らず、素通りしていたからなのでしょう。これが、わたしをちびちび人形道に開眼させたタカラのピコとの出会いでした。

「チビッコハウス」とお姉さんのケーちゃん

※ チビッコチーちゃん

DATA

身長　10センチ	最初に発売された年　1969年
メーカー　タカラ	価格帯　250円〜

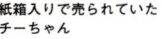

紙箱入りで売られていた
チーちゃん

「クロちゃんメイト」のナッツちゃん(左)とアモちゃん(右)

1/1 SCALE

瞳のペイントが違う「チーちゃんメイト」の後期のクリちゃん

チビッコチーちゃんは、キッドルの人気をうけてタカラから発売された人形です。ボディの構造は基本的にキッドルと同じですが、顔はマンガ的なかわいらしい作りになっています。設定も親しみやすく、幼稚園のリス組に通う4歳のチーちゃんは、お母さんやお姉さん、赤ちゃんといった家族や、幼稚園や近隣のお友だちに囲まれ、ハウスや商店、公園なども発売されました。馬車に乗ったお姫様やバラの妖精のようなバージョン違いもあります。

1/1 SCALE

当時の子どもらしい服装や髪型のジュンちゃん

1/1 SCALE

プチットひめには髪色の違うバージョンもあります

※ プチットひめ

DATA

身長　6.5センチ	最初に発売された年　1971年
メーカー　タカラ	価格帯　230円

暖炉やTVがある豪華なプチットひめの応接間

「小人の国のプリンセス」というキャッチフレーズで発売されたプチットひめは、こんなに小さくても手足が曲がり、洋服や靴を着せ替えられました。他社製品を転用したファニチュアなど、周辺商品も充実しています。

※ おさんぽジュンちゃん

DATA

身長　14.5センチ	最初に発売された年　1970年頃
メーカー　シバ	価格帯　不明

「虹のナナちゃん」で有名なシバから発売されたジュンちゃんは、設定などの詳細は不明ですが、手をひくと足を動かす歩行ギミックが付いているところには、ツクダの「イエスノー・ルミー」などの影響が感じられます。

たいらめぐみ

台湾留学中にチャイナドレス姿のバービーを見て、着せ替え人形にも様々な人種があることを知り、人形コレクションにはまる。コレクター歴21年。コレクション総数は大小とり混ぜて約1000体。コレクションの中心はバービーだが、ちびちび人形界では自称「世界一のピコ・コレクター」でもある。現在、その経験を活かしてドール・ライターとして各雑誌に執筆中。著書には、読売新聞社発行『NOSTALGIC Barbie』『Twist Barbie』がある。

✳ Dawn
ドォン

DATA

身長　約16センチ	最初に発売された年　1970年
メーカー　Topper Toys	発売当時の価格帯　900円前後

ダンスパーティーで踊る"Dawn"とＢＦの"Kevin"

ドレスアップした"Jessica"をエスコートする"Gary"

黒人のフレンドドール"Dale"

プードルと散歩する"Connie"と付属品のトルソー

1/1 SCALE

Checkerboard Toys社の新しいドォンも「曉(Dawn)」をモチーフにした箱入りです

発売30周年を記念してCheckerboard Toys社から発売された復刻版

タカラが発売したドォンには日本語のシールが付いていました

まつ毛は植毛で、ウエストが回り、膝が曲がるドォンは、大きなサイズの着せ替えも顔負けの凝った作りが人気の人形です。大人っぽいプロポーションに合う着せ替え、フレンドドールやギミック付きのバージョン違いの人形も多数発売されました。日本ではタカラが販売していましたが、'73年のトッパー社倒産により姿を消しました。発売30周年記念に復刻されて以来人気が再燃し、他社から新バージョンが再発売され現在に至っています。

✳ Ciao Italia
チャオ　イタリア

DATA

身長　約16センチ	
メーカー　Giocheria	
最初に発売された年　2000年頃	
発売当時の価格帯　900円前後	

コンパクトで手軽に着せ替えが楽しめるドォンサイズの人形は、'80年代以降も世界各国で発売されています。イタリアの地図がプリントされたエプロンをかけた写真の人形は、イタリア観光土産として作られたものです。

鼻の下に人中の線がある顔は、イタリアを代表する着せ替え人形ターニャそっくり

✳ Rock Flowers
ロックフラワー

DATA

身長　約16センチ	
メーカー　Mattel,Inc.	
最初に発売された年　1971年	
発売当時の価格帯　1000円前後	

ロックフラワーは、マテル社が発売したドォンサイズの人形です。花の名前がついた人形を付属のレコード盤の上のスタンドに立て、レコードをかけると人形がロックのリズムに合わせて踊るように回転するのが特徴です。

1/1 SCALE

サイケなパンツルックの"Heather(日本名はフリージア)"

1/2 SCALE

ピコ(中央)と2人のフレンドドール、クララ(左)と亜樹(右)

✳ ピコ

DATA

身長　約16センチ	最初に発売された年　1974年頃
メーカー　タカラ	発売当時の価格帯　900円前後

ヘッドのモールドが違う チャペル付きの「ロングヘアーピコ」

ピコのリビングルームと別売りの家具や小物

タカラが発売したピコは、ボディはドォンと全く同じサイズですが、ヘッドはドォンより大きく、まつ毛はペイントで、どことなく初代レディリカに似た可憐な面立ちの人形です。左手をあげると首を振って「イエイエ」をするギミックも、「ダンシング・ドォン」と同じでした。フレンドドールやバージョン違いの人形、着せ替えの数はドォンには及びませんが、'70年代らしい作りの家具や小物の充実ぶりは目を見張るものがあります。

ちゃことは瞳の色と目線が違う友だちのミッチー

YES　NO
Mitchy

ちゃこはツムラのバスクリンの懸賞にも使用されました

ミニーの原形となった"Baby Stella"

YES
NO

1/1 SCALE

ペイントのまつ毛を左に向けた友だちのちゃこ

✳ イエスノー・ミニー

DATA

身長　約13.5センチ	最初に発売された年　1968年
メーカー　ツクダ	発売当時の価格帯　480円～

→「テニス」というタイトルの洋服を着た箱入りのちゃこ

←ブラウンヘアーのツーテールで、植毛まつ毛のミニー

イエスノー ちゃこ
TSUKUDA

背中のボタンを押すと首を縦に振って「イエス」、お腹のボタンを押すと首を横に振って「ノー」と意思表示をするギミックが付いたイエスノー・ミニーは、ツクダが英国のパーフェクタ社からパテントを買って発売しました。姉のルミーと共にイタリアから帰国したという設定なので、着せ替えにはイタリア風の名前が付けられました。ちゃことミッチーというフレンドドールもいて、髪色や髪型、瞳の違うバージョンが数多く存在します。

奥行きの深さにビックリ　意外なちびちびの世界……

ピコの名前を教えてくれたのは、とあるコレクターの集いでご一緒した方でした。偶然というのは不思議なもので、名前を教わったその帰り道、立ち寄ったマニアショップの横のゴミ置き場で、わたしは数体の古ぼけたピコを拾ってしまいます。時代が時代だったので、ショップの人が売り物にならないと判断して捨てたのでしょう。ちびちび人形というのは1体だけでもかわいいのですが、何体か並べると更にかわいらしさを増します。おかげですっかりピコの虜になったわたしは、以後、意識的にコレクションを始めました。そして、いつの間にか他のちびちび人形にまでコレクションが広がっていったのです。

ちびちび人形は、ピコやドォンのように大人のプロポーションをもった人形を縮小したもの、ミキ・マキやケリーのように幼い子ども人形なので小さく作られたもの、キッドルのように小さくデフォルメされたものに分けられます。前者は一般にファッション性が高く、小物などはドールハウスのようにリアルなものが多いのが特徴です。幼児の人形はかわいらしさを優先。デフォルメされた人形は夢のある世界観を再現したものが多く、それぞれ甲乙つけがたい魅力があります。

✳ Dolly Darlings

ドーリーダーリン

DATA
身長　11センチ
メーカー　Hasbro,Hasenfield Bros.Inc.
最初に発売された年　1965年
発売当時の価格帯　500円前後

1/1 SCALE

ドーリーダーリンの仲間たち。
"Susie"、"John"、"PowerPuff"
"Shary"（左から）

✳ Flower Darlings

フラワーダーリン

DATA
身長　約6.5センチ　　　最初に発売された年　1968年
メーカー　Hasbro,Hasenfield Bros.Inc.　発売当時の価格帯　380円

ドーリーダーリンと同じヘッドを使ったひとまわり小さな人形を、香りつきのお花のブローチに付けたフラワーダーリン。お花は全部で6種類。人形はブローチから外して遊べます。日本ではバンダイから発売されました。

すずらんが付いた
"Lily Darling"

1/1 SCALE

"Come To My Party"のドレスでおすまししたトゥッティ

ちょっぴり口をとがらせて、かわいくポーズをきめたドーリーダーリンは、当初は帽子箱型のプラスチックケース入りで発売されましたが、'67年以降は紙箱入りになり、人形の髪もモールドから植毛に変わりました。

Tutti & Todd

トゥッティ＆トッド

DATA
身長　約16センチ
メーカー　Mattel,Inc.
最初に発売された年　1966年
発売当時の価格帯　人形単体600円～
　　　　　　　　　セット売り950円～

勇ましい消防士スタイルのトッド

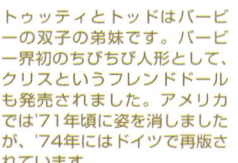

1/2 SCALE

トゥッティとトッドはバービーの双子の弟妹です。バービー界初のちびちび人形として、クリスというフレンドドールも発売されました。アメリカでは'71年頃に姿を消しましたが、'74年にはドイツで再版されています。

✳ Tiny Teens

タイニーティーンズ

DATA
身長　約13.5センチ
メーカー　Uneeda Doll Co.,Inc
最初に発売された年　1967年
発売当時の価格帯　不明

1/2 SCALE

タイニーティーンは、マテル社のキッドル・シリーズの「ラッキーロケット」同様、ロケット型のケースに入っていました。初期の12種類は短期間しか生産されませんでしたが、'74年には大きなサイズで復刻されています。

ミスコンテストの優勝トロフィーを持った
"Miss TinyTeen"

1/1 SCALE

✱ スイート・ノンノ

DATA

身長　13センチ
メーカー　タカラ
最初に発売された年　1982年
発売当時の価格帯　1200円前後

スイート・ノンノは、ピコよりも小柄でマンガ的な顔立ちのかわいらしい人形です。スレンダーなボディーは、同年に発売された「ときめきトゥナイト」のアニメドールと共用。ハイヒールはペイントになっていました。

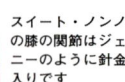
スイート・ノンノの膝の関節はジェニーのように針金入りです

✱ コンパクトドール

DATA

身長　14センチ
メーカー　タカラ
最初に発売された年　2001年
発売当時の価格帯　980～3000円

コンパクトドールは、ドールハウスサイズの人形として発売されました。ボディにつなぎめがないので、ちびちび人形には珍しく水着で売られたものもあります。同じ構造のボディはアニメドールにも転用されました。

タキシードの男の子とチャイナドレスの女の子

1/2 SCALE

✱ ドリームポケット

DATA

身長　16.5センチ
メーカー　バンダイ
最初に発売された年　1996年
発売当時の価格帯　1500～3000円

オリジナルのドリームポケット。パティー、ポピーナ、クララ(左から)

ドリームポケットは、付属のポシェットやバッグに入れて持ち歩けるというコンセプトの人形です。オリジナルのシリーズの他、「キューティーハニー」や「セーラームーン」などのキャラクター物も発売されています。

✱ きらきらセーラ

DATA

身長　10.5センチ
メーカー　トミー
最初に発売された年　1982年
発売当時の価格帯　1200円前後

1/1 SCALE

きらきらセーラは膝やウエストが可動で、靴の着脱もできます。ハウスやミニチュアの家具、まゆとやローラなどのフレンドドールが多数発売され、講談社の雑誌『キャロル』には同名のマンガが連載されていました。

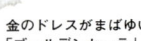
金のドレスがまばゆい「ゴールデンセーラ」

今日も、そしてこれからもちびちび人形と共に!!

コレクションを始めた当初わたしは、ちびちび人形は小さくて安いので、簡単にコンプリートできそうだと思っていました。確かにサイズが小さければ、1体ずつの人形は場所をとりません。だからと言って人形をたくさん買ったり、ハウスや車まで集め始めると、それなりに場所をとります。そのうえ、ちびちび人形はメーカーのメイン商品ではない場合が多いので、少し以前の物になると資料がほとんど現存せず、どんな人形が生産されていたのか調べにくいのです。おまけに、生産過程で余ったパーツを適当に組み合わせたようなバージョン違いも多く、簡単にコンプリートできそうだと思ったのは間違いだと気付くのに、そんなに時間はかかりませんでした。サイズの大きな人形より一般に価格が安いのは事実ですが、小さいからこそ無くし易い靴や小物などは見つけにくく、色々探し回って海外から取り寄せたりすると、かえって時間と手間がかかるという現実も知りました。

もっとも、苦労が多いからこそ、現存している資料にはない珍しい人形や小物を見つけ出した時の喜びはひとしおです。そんな喜びを求めて、わたしは今日もちびちび人形コレクションを続けているのです。

モロロ
モロリッ
モリーキ
リータン
ータ

オリジナルブランドを本格的に
スタートさせた最近のモモリータさん
今回はモモリータさんが大好きな
ロンドンパンクっ子とパイレーツちゃんを
作ってもらいました

ロンドンナイトへ
Go!

ちょっとよそ行き
パンクっ子のペアスーツ。
男の子も女の子も
ウエストをしぼったジャケットに、
切りっぱなしのフリルスカートと
パンツのフラップがおそろいです。
別布の衿がポイント！

作り方・型紙は巻末に掲載しています

お人形：キャッスルリカちゃん・キャッスルシャルル
靴：アゾンインターナショナル

パイレーツリカちゃん

セーラー（船員）だけどパイレーツ（海賊）なリカちゃんです。
ハートのアイパッチがイカすでしょ。
ちょうちんブルマみたいなバルーンスカートは
シルエットが激プリティー。
お宝探しにいざ、出発！

作り方・型紙は巻末に掲載しています

Profile
小森桃子（こもり・ももこ）
'98年より趣味だった人形服作りを本格的にスタート。以降、ドールコンテスト
入賞をはじめ、お人形雑誌や展示会で精力的にお人形を発表する。'03年は「零
グッズユニバース」にMOMOLITA事業部を立ち上げ、オリジナルリカちゃん
をリリースした。また、秋よりオリジナルブランドMOMOLITA_pretaをスタ
ートし、キッチュでクールなお洋服を生み出している。オリジナルリカちゃん
の第2弾や、来春日本ヴォーグ社より発行予定の「わたしのドールブック」シリ
ーズなど、出版企画も進行中。

お人形：35thリカちゃん
靴：零 Goods universe
眼帯くま：妄想隙間産業

昭☆和☆歌☆謡 星のアイドル編

カナ
ベースドール：KA-#02
カナ／ライトブラウン・
カーリィヘア 5800円
手首パーツセット（ドル
フィー手首セットB 600
円）を使用しています。
CH03-A17レザーホッ
トパンツ1280円
CH03-A23しましまカ
ラーソックス380円
CH03-A18Aホワイトモ
カシン1280円

※☆モチーフのニットの作り方は巻末に
掲載しています。あわせてご覧下さい。

まみ
ベースドール：MA-
#01 まみ／ブラック
ブラウン・ストレート
ヘア 5800円
ヘアウィッグ（Dollfie
Plusヘアウィッグ#4-
E7 1500円）と手首
パーツセット（ドルフ
ィー手首セットA 600
円）を使用しています。
CH03-A13マルチカラ
ーベルボトム1180円
CH03-A18Bボルドー
モカシン1280円

今回のテーマは「アイドル」！
WTGオリジナルメゾンブランド「チェルシーハーツ」の
オータム・コレクションのなかからセレクトしたアウトフィットに、
プラスワン手作りのアウトフィットをプラスしました！
衣装に合わせて懐かしのアイドルチックなヘアアレンジと
メイクアップ方法もご紹介します

★ヘアアレンジ★

カナ：アフロスタイル

3と4をくり返し、好みのスタイルに決まったら完成です。
この後メイクをして完成！（下のメイクレシピ参照）

全体のバランスをみながら、ハサミを使って余分な毛を刈り込んでいきます。

コームの柄の部分を使って整えながら、丸く形作っていきます。

全体に5cmくらいカットします。ボリュームを押さえたい場合はもう少し短くカットしてもOKです。根元からコームで上から下に向かって掻きおろすように逆毛を立てながらアフロヘアを作っていきます。

ヘッドをボディからはずし、菜箸の先にセットします。まず、後ろで縛ってある前髪ごと、髪の毛を頭の高い位置までまとめ、ゴムでしっかりと止めます。

ベースドールとして、KA-#02の"カナ"を使用します。

まみ：GSスタイル

4　図のように前面で交差させ、輪ゴムで菜箸と髪の毛ごととめます。そっと菜箸だけを抜き取り、沸騰したお湯をいれた鍋に入れ20分お湯パーマをかけます。（イラスト参照）

巻き付けた根元をしっかり手で押さえたまま、針金を図のように曲げていきます。（イラスト参照）

直径3mm程度の柔らかい針金（自由自在など）を15cmくらいにカットし、図のように2つに分けた髪の毛を巻き付けます。

ヘッドをボディからはずし、菜箸の先にセットします。首の下のところを、菜箸ごと輪ゴムでとめます。

ベースドールとしてMA-#01の"まみ"を使用します。

ウィッグがずれないように押さえながら、コームをつかってとかしつけ、髪の毛とウィッグを馴染ませて完成！

ショートウィッグをヘアピース代わりにセットします。ちょうど気先の外はねカールがウィッグの下から覗く感じになります。

メイクが完成したら、昔風のヘアスタイルを演出するためにウィッグをプラスします。ここでは27cmドールサイズのドルフィープラス用ヘアウィッグ（#4-E7）を使います。

ラフなカールのついた外はねフリップヘアができました。ここでまず先にメイクアップをします。（下のメイクレシピ参照）

お湯から引き上げ、水分を拭き取り、菜箸にさして乾かします。乾いたら、フェイスレザーを使って、カールのついた部分からカットします。

★メイクレシピ★

まみ

1　瞳の虹彩部分にグリーンでグラデーションを入れます。
2　セピアでアイラインをくっきりと入れ、瞳の中心部分にもセピアを入れます。
3　セピアで上下にマツゲを書き足します。
4　2つ入っている白い「丸点」ハイライトにホワイトを加えます。大きい丸点はもうひとまわり大きく塗り、小さい丸点には*線をホワイトで描き入れます。
5　リップカラーはそのままで、口角をセピアで描き入れます。
6　最後に、造形村パステルのピンクを綿棒にとり、丸くチークを入れて完成。

カナ

1　もともと入っているオレンジ系のチークを落とします。先の尖ったメイク用綿棒に、アクリル絵具のリムーバーを浸して、ていねいにチークを拭き取ります。
2　瞳の中にレモンイエローと白をつかって、放射線状の虹彩を描きこみます。
3　二重まぶたの内側をピンクで塗ります。
4　セピアで上下にマツゲを書き足します。
5　二重まぶたの線の上、目尻から1／3くらいのところに薄くレモンイエローを入れます。残り2／3の部分にはホワイトパールを入れます。
6　ピンクでリップを塗り、乾いたらパールホワイトを唇の真中部分にのせます。

セピアでリップの口角を入れます。
7　オペラピンクで左目尻の下にハートを描き入れます。
8　最後に、造形村パステルのピンクを綿棒にとり、丸くチークを入れて完成。

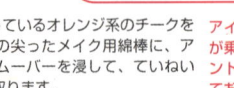

アイプリントの上に絵の具が乗りやすいように、プリントの上に消しゴムをかけておきましょう。
絵の具はごく薄く溶いて、何度も重ねるように色を入れていきます。

材料
・アクリル絵の具　各色
・造形村パステル

※このページで紹介したお人形・お洋服はすべてボークスの商品です。
http://www.volks.co.jp/wtg/

Who's That Girl?®is a registered trademark of the VOLKS inc.All Rights Reserved.創作造形©VOLKS・造形村
アウトフィット：秋本みえこ　ヘアメイク協力：ボークス・ドール企画室

1/6ドールもデニムで決めたい!!

デニム特集

のときどきの『なりたい！』が必ず見つかるアイテムがデニム。ガーリィーなファッションはもちろん、ウエスタンにだってなれるし、ロマンティックだってお手のもの。ニムを自分流に楽しんで、上品に着こなしてあげられれば、あなたもオシャレ上級者。

女の子の愛すべきアイテム『デニム・ミニ』。

女の子なら、誰でも一度は履いてみたいと思わせるのがこの『デニム・ミニ』。デニムの素材自体が厚めでカタチもローウエストなのでレイヤードスタイルにも重宝な一品。
¥1,600（デニムミニスカート ブラック/momokomono）

model : momoko ver.03AN

スマートなスリムジーンズ。表情豊かに履きこなして大人の女性に。

ガーリィーな装いにもクールな着こなしにもぴったりくるデニム。定番だからこそスペシャルな一枚を大切に選びたい。
¥2,500（スリムジーンズ ブラック/ブルー/ヘリンボーン/momokomono）

計算されたシルエットでより個性的な表情をプラス。

シンプルなストレートのシルエットも何気ないようでいて、実はしっかりと計算された美しさ。今年らしい大きめのショルダーと合わせたりして、自分らしいバランスを追求してみて。
¥2,800（ストレートジーンズ ブラック/ブルー/momokomono）

model : momoko ver.02SP
（販売終了）

定番のデザインの中にキラリと光るこだわり。

定番のひざ丈デニムスカート。ベルト部分やポケットなど、細部のディティールへのこだわりは特筆もの。シンプルなデザインならではの上品なおしゃれを楽しんでみては？¥2,500（セミタイトデニムスカート ブラック/ブルー/momokomono）

model : momoko ver.03SSbl
（販売終了）
momoko ver.03SSor

3

2

1

THE OTHER DENIM

今は販売されてないメモリアルデニム

1. CoolDollsのワイドフレアジーンズ。膝下から緩く広がるフレアジーンズはワイルドにもキレイめカジュアルにも着こなせるシルエット。（販売終了）

2. ロールアップしたデニムはブーツとの相性抜群。Daisy-Dの洗練されたおしゃ…が楽しめるのもデニムならでは。（販売終了）

3. 蓮の花をあしらったROUROUジーンズ。オリジナルのバッグもついて魅力満載。（販売終了）

協力：有限会社ペットワークス お客様窓口：03-3770-4465（平日 11:00〜17:00）http://www.petworks.co.jp/

究極のこだわりが生んだ最高級のエクセリーナ

ソワレ　Soiree
美しいトレーンを引くバックスタイルがエクセレントなケミカルレースの
ソワレです。12月中旬発売予定　15万8000円（予価）
付属品：ドレス・パニエ・ストッキング・ランジェリー・ロンググロー
ブ・ブーケ・ティアラ・チョーカー・ピアス・リングのセット（モデル・
グレーアイ　スターエクセリーナ）

カクテルドレス　Cocktail Dress
付属品：ドレス・ヘッドドレス・マラボー・ランジェリー・パニエ・ストッキング・グローブ・リン
グ・ピアス・ネックレス　10月より年内数回にわけて販売予定　ソバージュヘア9万8000円、セミロン
グストレートヘア9万3000円（ドレスセット4万5000円）（モデル・グレーアイ　スターエクセリーナ）

コサージュ＆
グローブセッ
ト2500円

ばらのセット
（ベルベットバッグ・
バレッタ・ヘアコー
ム・ヘアピン・ヘア
リボン）7800円

スタードールアウトフィット
（右）ブラウス（プレタライン）6800円、手編みカーディガン
（プレミアムライン）7800円、スカート（プレミアムライン）
7800円、ハイソックス（プレタライン　ソックスと2点セッ
ト）1800円、ストラップシューズ4300円、帽子（参考商品）
（左）ベレー（プレミアムライン）2800円、アランセーター
（プレミアムライン　オーダー商品）1万2800円、巻スカート
（プレミアムライン）8300円、バッグ（プレタライン）
1800円、シープファー付編上ブーツ8500円、タイツ2500円

ドレスセット　スーツ
ピンクのチェックの上
品なスーツ。12月中旬
発売予定　3万5000円
（予価）
付属品：ボウタイブラ
ウス・スーツ・バッ
グ・ストッキング・シ
ューズ・バレッタ

52㎝サイズ

元ジェニーのデザイナー
スターの大西美奈さんに
お人形への想いを伺いました

「エクセリーナは担当したのが長かった
ですし、独自の雰囲気が大好きで自分でも
着せ替えを楽しんでいました。」

正規ライセンス契約のもとで大西さんは、
元タカラの社員で、'80年代の数多くのジェニー開発チー
フをはじめ、15年間で数多くのお人形を担当
しました。その後、独立しハイテク玩具の企
画をする一方、昔から大好きだったエクセ
リーナを大人の視点で開発し、製品化した
いという思いが強くなったといいます。

「どうしても実現したいという気持ちで、
色々な問題をクリアして着手しました。や
るからには買った方に満足して着せたい。
だから、ジェニーの原型を製作した原型師
さんや、ジェニーショップの初代店長さん
など、当時のメンバーを集めて開発にあた
りました。」

「透き通るような肌はスターだけの特注品、
髪は高級トヨカロン、隅々まで目を配った
というこだわりぶり。そうして生まれたスタ
ーエクセリーナ、初回150体は数回にわ
けて販売され、そのつど予約開始30分です
べて完売するほどの人気に。

ジェニーの原型を製作した原型師
さんや、ジェニーショップの初代店長さん
など、当時のメンバーを集めて開発にあた

「私は子供のころ、お人形でちょっと悲
しい思いをしたことがあるんです。バッグ
が開かなかったり、ポケットが貼りついて
いたり。でもお人形は少女の憧れ。がっか
りして欲しくないから、スターでは細部に
までこだわって作っています。その部分に
お客様が感動してくれると、本当に嬉しい
ですね。」

そして、より『少女の憧れ』という部分
に焦点を当てて開発されたのがオリジナル
ドール「エミリー」。

「大人の方にとっては〝夢中になって
遊んだ子供の頃に帰れる〟、お子さんに
とっては〝出会ったことが一生の思い出
になる〟、お人形はそういう存在。自分が
手仕事を作りたかったんです。」

これからも大手メーカーではできない
スターだからこそできるお人形づくりを続
けていきたいと語る大西さん。その目はま
るで少女のようにキラキラと輝いていまし
た。

これとは別に、価格をおさえたプレミアムラインと
は別に、価格をおさえたプレミアムライン
と、手仕事を中心としたプレミアムライン
「エミリー」もラインナップされました。

STAR BOUTIQUE
スター製品が揃う直
営店。OPENは不定期
（月に1～2日のみ）で
すので日程はHPでご
確認ください。
住所：千代田区東神
田1-14-11山田ビル1F

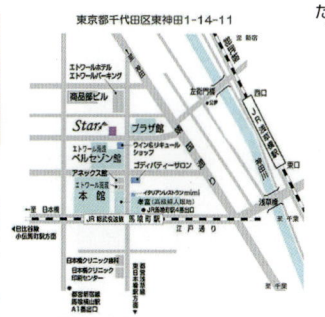

東京都千代田区東神田1-14-11

Recommended Dolls

CoCo

ちょっぴりレトロでとびっきりおしゃれ 気分はまるで「オードリー」!!

これがCoCo開発のヒントになった'70年代に製造していたというお人形。どれもスタイリッシュでとってもキュート!!

お肌のマット感を重視したというソフビ製のフェイスはビスクドールのような陶器の透明感を感じさせる不思議な質感。瞳のペイントにもこだわり、深みのある表情に仕上がっています。

ボディのサイズは約38cm。オリジナルの素材で首・肩・ひじ・手首・股関節・ひざ・足首の計13箇所が可動。腕の長さは約8センチ、足の長さは約14センチのスレンダーボディです。

'70年代、アメリカのあるメーカーからの依頼でセキグチが製品化をした商品の中に、顔が大きく手足の細い女の子のお人形がありました。それらのとってもおしゃれでキュートなお人形をヒントに、1/6サイズのお人形を作ってみようと開発されたのがこのCoCoドールです。社内のデザインチームが「レトロモダン」をテーマに開発に取り組み、

今回6体のCoCoをリリース。来春にはファッションを替えた第2弾も発売予定です!! 上の写真右より「コート」「ブラックドレス」「プリントドレス」「ウエディング」「ベッチンドレス」「チェックワンピース」ドレス。ウエディングドレスは3月初旬発売予定 4800円、その他発売中 各3800円

老舗玩具メーカー 新たな挑戦

セキグチは創業1918年（大正7年）の老舗玩具メーカー。当時、国内は元より世界中から注文が殺到したセルロイド玩具を製造していました。代表的なセルロイドのお人形には「着付け人形」「眠り人形（寝かせると目をとじる）」「ママー人形（腹部に笛を装置）」などがあり、セキグチも多くの商品を輸出していました。

'55年ごろからはソフビ製の玩具やお人形を作り始め、輸出から国内へ市場を転換。こけし人形やキューピー（写真②）、ポッポちゃん（写真③）などをリリースしました。

'71年以降は布の持つ自然な肌触りや、それがもたらす心の安らぎに注目し一世を風靡したモンチッチやジェジェもその流れの中で生まれたものです。

そしていま、セキグチは新しい挑戦をはじめました。ひとつは既に持っていたポテンシャリティの高い自社キャラクターを見直し、従来のファンや昔を知らない若い年齢層にその魅力を伝えるということ。モンチッチ生誕30周年アニバーサリー企画や、ジェジェの再販など、精力的に取り組んでいます。そしてもう一つは「布帛人形」を多く作り出します。今回ご紹介した「CoCo」のシリーズ化、オリジナル人形の開発。

※新製品は発売時にデザイン、仕様等が変更になる場合があります。ご了承ください。

マドモアゼル ジェジェ

30年の時を越えて 懐かしいお友達に再会!!

'73年に発売され大ヒット商品となったジェジェが帰ってきました。ジェジェはそれまでになかった「柔らかい」「抱っこできる」「一部がソフビ」という機能を持った抱き人形のルーツ的なお人形。フォークロア調のファッションや指をくわえる可愛らしい仕草も受けて20〜30歳代の大人の女性を中心に

人気が出ました。昔からのファンの方にも納得してもらえるよう、金型は当時のものを修復して使用。もちろん顔と手首はソフビ製でちゃんと指もおしゃぶりします。
サイズ（L）約48cm来春発売予定　1万円（予価）

瞳のペイント作業の最後に手描きの工程をプラスしたり、綿レースのドレスを着せたりと当時のジェジェに近づくように作られた復刻版。笑っているような泣いているような、独特の雰囲気も当時のままです。

内藤ルネ ミラクル・ラブリー・ワールド

'50〜'70年代の少女雑誌を中心に活躍したイラストレーターの内藤ルネさん。大胆な簡略化とディフォルメ、独自の色使いは少女イラストの新時代を築き現在のファンシーグッズにもその影響は色濃く残っています。そんな日本の少女文化の祖ともいうべき内藤ルネさんのお人形とマスコットがリリースされました。今後もプードルや黒猫のぬいぐるみなどが発売される予定です。お人形「シンデレラ」「ハイジ」「アリス」各2800円。キーチェーン各1200円（『クロネコ』『パンダ』『バンビ』の動物キーチェーンは各780円）。

マスコット（6タイプ）は来春発売予定。サイズ約15cm　来春発売予定　各1500円

最高級合成樹脂製人形

ポリス人形　起き上がり　着付けミルクのみベビー　キューピー　キャドルくま

大正から昭和にかけて世界一の生産高をほこっていたセルロイド人形。当時セキグチも多くのセルロイド製品を作っていました。その中からセレクトされた代表的なお人形6点がソフビ製で復刻されました。サイズ約10〜11cm　各1500円

塗り込みリボン人形

や、その素体を使った頭の小さい1/6サイズの着せ替えドール、男の子のお人形などの新企画も検討されています。老舗メーカーの持つ技術力と、新しい柔軟な企画力が合体して生み出されるお人形たちに、これからも注目していきましょう。

セキグチ・ドールハウス

セキグチで製造していたセルロイド製お人形や玩具を一堂に展示しているミュージアム。約400点の貴重な所蔵物の数々は圧巻。
場所：東京都葛飾区西新小岩5-2-11 (株)セキグチ
休館日：土・日・祝祭日・夏休み・年末年始
開館時間：10時〜12時　13時〜15時
※来館希望の方は電話予約をしてください。電話03-3692-3111

MONCHHICHI 30th ANNIVERSARY

'04年生誕30周年を迎えるモンチッチ。そのアニバーサリー企画の一つとして1月26日にモンチッチの結婚式が一般ファンも招いて行われることになりました。記念商品もたくさんリリースされる予定です。
「30周年ウエディングモンチッチ」
'04年1月発売予定
6000円

間 セキグチお客様サービスセンター 0120-041903

アゾンインターナショナル オリジナルドール＆コスチューム

● 60cmサイズ ●

アゾンインターナショナルを代表するオリジナルドール「サアラ」が60cmのビッグサイズで登場しました。最も注目したいのはオビツ製60cmボディを使用している点。驚異の可動域と圧倒的な存在感の表現に成功しています。思い当たるさんがデザインした穏やかで優しい表情はそのままに、より作りこまれた衣装や靴を身にまとってデビューした60cmサアラにご期待ください。

お人形メーカーやショップがリリースする現行商品やこれから発売される新製品の情報をお届けします。ここで掲載したアイテムのいくつかは読者プレゼントになっていますので93ページもチェックしてください!!

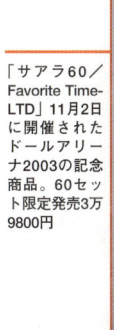

「サアラ60／アゾンプレミアムVer」200セット限定販売3万9800円

「サアラ60／Favorite Time-LTD」11月2日に開催されたドールアリーナ2003の記念商品。60セット限定発売3万9800円

「サアラ60／Favorit Time」ブラウンの髪と瞳が癒し度をさらにアップさせる新アバレリ。植毛ラインの変更でテールアップが可能になりました。200セット限定発売3万9800円

● 60cmドール用衣装Collection ●
話題のオビツ製60cmボディに対応したシリーズ

<SAVシリーズ>
低価格を実現したエコタイプの衣装

<SARシリーズ>
細部にこだわったリアルタイプの衣装

ベーシックTシャツ 800円

カーゴパンツ 各1400円

ミニスカート 各1000円

U.K.ボンテージパンツ 4600円

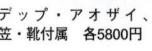

スカルラビットTシャツ 各1200円

デップ・アオザイ、笠・靴付属 各5800円

漂亮（ピャオリャン）中華服、靴付属 各4500円

サアラとオビツボディの共演を実現させたアゾンインターナショナル取締役の早園さんに、開発秘話を伺いました！

「まず、オビツさんから60cm可動ドール開発のご相談を受け、難易度の高い要望をいくつも提案させていただきました。1／6では当たり前の様に可能な事が60cmで実現するにはかなりの工夫と技術力が要求される我々も理解できたのですが、夢の様なボディを作りたいという事で可能な事はほとんど取り入れていただきました。

このボディに込められたコンセプトは実にわかりやすく片手サイズの着せ替え人形を大きくしようと言う事です。1／6ユーザーの方にも違和感が無く受け入れていただけるため「軽い」、「良く動く」、「量産可能」更に「転倒しても破損しにくい」、「無理のない価格」等キーワードが多く存在しました。これらの事は1／6では当然なのですが、大きいサイズの人形でこれらを兼ね備えた製品はありませんでしたので。

オビツさんが試作を繰り返す中、当社の企画や開発のスタッフと共に何度もオビツさんに通いました。実際に組みあがったサンプル版を目の当たりにした時、そのクオリティーの高さに驚いた事をよく記憶しています。また、この画期的なボディを乗せたいと真剣に考えたのがこの『サアラ』を乗せたいと真剣に考えたのです。それが実現した時には最高のタイトル『サアラ』を乗せたいと真剣に考えたのです。

それが実現したこの瞬間を、とても嬉しく思っています。」

この画期的なボディには最高のタイトル『サアラ』を乗せたいと真剣に考えたのです。それが実現したこの瞬間を皆さんにお見せできて、とても嬉しく思っています。」

ハッピークローバー（27cm用衣装）

カントリーテイストをふんだんに取り入れたフェミニンなドレスエプロンが草原の少女を彷彿させます。ボリューム感のあるワンピース、フリルエプロン、リボンつきの帽子の3点セット。「フォークロアドレスセット」水色・ネイビー　各3200円

swingin' pop

'00年代のモダンでおしゃれなストリートファッションをモチーフにしたキュートなシリーズ。バッグはジッパーの開閉ができる凝った作りになっています。

フラワーAラインワンピース
ピンク・グリーン 各1500円

ツートーンワンピース
ブラック・ピンク 各1100円

フラワーベルトワンピース
ブラック・グレー 各1300円

エナメルショートブーツ ブラック・ホワイト 各1600円

スクエアパンプス ブラック・ホワイト 各1500円

チェーンハンドバッグ レッド・ブラック 各1100円

テトラバッグ ピンク・グリーン 各1200円

「MAYA／More Than Yesterday」

上品なイメージを連想させる初のロングヘアーを採用。250体限定 8800円
※この商品はドールアリーナ2003記念品として販売されたもので、衣装チェンジバージョンが一般商品として販売される予定です

「サアラ／オンザウェイオブジャーニー」

すでに発売されている「ゴーオンアジャーニー」の続編。バカンスを満喫するイメージの華やかなセットです。400体限定 8800円

アゾンスクールユニホーム

「思い出のスクールタイム」をリアルに再現したシリーズ。ヒット商品「セーラー服」を生地や型紙変更により、さらに精巧に仕上げた決定版です。

PHSブレザー　グレー1200円、赤 1000円／チェックスカート　赤・ブルー 各1000円（S/Mあり）／Vラインスクールベスト 白・紺・グレー 各800円

改訂版体操着 紺・グリーン・エンジ 各1200円

かっぽう着SET（巾着袋つき）1600円

「リセ／アーバンカモフラージュ」

思い当たるさんによるスペシャルアレンジ仕様。350体限定 8800円

ベーシックセーラー服SET 紺・白 各2300円

ドールズパーティー10限定SD&新作情報

12月7日（日）東京ビッグサイトで開催されるお人形のビッグイベント「ドールズパーティー10」で限定発売されるボークス発の新作ドールをご紹介します。どれもすぐに売切れてしまう可能性"大"なので、気に入ったお人形がいたら早起きして出かけましょう！！

ＳＤ13男の子「Lucas ～Sweet Dream～」
9万2000円
瞳：18mm Cadet Blue with White Line
ウィッグ：ルカ専用ウィッグ
ボディ：ＳＤ13男の子ニューボディ・ピュアスキン仕様
セット内容：レース一式（カットソー、パンツ、コート、マフラー、キャスケット、バッグ、ハイカットシューズ）ウィッグ、靴
ドール制作：Kyon

ドールズパーティ10限定
（ドルパコリア、アフターでは出品されません）
SDサーティーン　まどか（和装）9万8000円
瞳：HGグラスアイ　Goldenrod with White Line 18mm
ウィッグ：姫カット・黒髪
ボディ：SD13NEWボディ　ノーマル肌　ピュアスキン ＊げた足仕様
セット内容：長襦袢、着物、半襟、帯揚げ、帯、帯締め、足袋、草履
ドール制作：　Kyon

＊着物によって柄の出方が異なる場合があります。
＊着物以外の副装品は生地が変更になる場合があります。

ドールズパーティ10、ドルパコリア限定
SDサーティーン　まどか（洋装）8万5000円
瞳：HGグラスアイ　Goldenrod with White Line 18mm
ウィッグ：専用ウィッグ・ナチュラル
ボディ：SD13NEWボディ　ノーマル肌　ピュアスキン
セット内容：ドレス、帽子、ペチコート、ソックス、パンプス
ドール制作：　Kyon

WTG

「Who's that girl?」（WTG）は「かな」と「まみ」二人の女の子を中心に自分好みのフェイスを作ったり着せ替えが楽しめるボークスの新機軸。特にコンセプト別に商品ラインナップが異なる豊富なファッションメゾンが発信する豊富なファッションアイテムが魅力です。今回は「Chelsea Hearts」と「NATURAL LOVE」ふたつのメゾンの2003オータムコレクションをご紹介しましょう。

NATURAL LOVE 2003 AUTUMN Collection

ナチュラル・ラブの新作コレクションのテーマカラーはパープルピンク。トラッドなアイテムを、キュートでカジュアルにアレンジしています。モヘアストールやニットキャスケットは今年のマストアイテム！ NL大人気のブーツは、新作のシャーリングブーツです。

Chelsea Hearts 2003 Autumn Collection

チェルシーハーツの新作コレクションは、お得意の昭和レトロ路線が更にパワーアップ！ ママの時代に流行ったベルボトムやホットパンツ、可愛いアップリケのスカートや、ロマンティックティックなナイティなど、乙女心をくすぐるラインナップになっています。

モデル　まみ(MA-#05)5800円アレンジ／NL03-A18ニットキャスケット1380円／NL03-A02ラインV分袖トレーナー1180円／NL03-A25ネクタイ580円／NL03-A13チェック柄タックスカート1080円／NL03-A11ライン入りパンツ1080円／NL03-A29ピンクスニーカー1380円

モデル　カナ(KA-#05)5800円参考商品／NL03-A01配色七分袖トレーナー1080円／ワークベルト参考商品／NL03-A15花柄ギャザースカート1080円／NL03-A12格子柄フェゾーパンツ980円／NL03-A26レザーシャーリングブーツ2380円

モデル　まみ(MA-#06)5800円アレンジ／NL03-A04黒VネックTシャツ980円／NL03-A09水玉Vネックカーデガン980円／NL03-A19ニットキャップ980円／NL03-A21ポストバッグ1080円／NL03-A25ネクタイ580円／NL03-A23モヘアストール1800円／NL03-ES18デニムキャスケット780円

モデル　カナ(KA-#01)5800円アレンジ／NL03-A03ボーダーラウンドネックシャツ980円／NL03-A08フレンチスリーブニットクローウエストパンツ1080円

モデル　カナ(KA-#06) 5800円アレンジ／CH03-A14ピューリタンカラーブラウス1280円／CH03-A15グレーラップスカート980円／CH03-A18Aホワイトモカシン1280円

モデル　カナ(KA-#01) 5800円アレンジ／CH03-A04ボルドーベレー帽380円／CH03-A09 七分袖水玉ブラウス980円／CH03-A12ボルドーベルボト1280円／CH03-A18Aボルドーモカシン1280円

モデル　まみ(MA-#06)5800円アレンジ／CH03-A19ナイティガウン1280円／CH03-A20ナイティワンピース＆スリッパ1800円

モデル　まみ(MA-#02)5800円アレンジ／CH03-A05チェックジャケット1380円／CH03-A06ソフトプリーツスカート880円／CH03-A07ミニグローブ580円／CH03-A18Bボルドーモカシン1280円

今すぐ欲しい お人形

Blythe新着情報

'72年にアメリカで1年だけ製造された幻のお人形ブライスが再デビューを果たしたのが01年。登場してまだ2年足らずですが、ブライス人気はますます加熱するばかり。多くのファンの要望に応えるべく、今年の秋冬もたくさんの新作がリリースされます。

Doll

ベリーチェリーベリー

'03年2月にトイザらス限定で発売されたチェリーベリーの再発売。ロゴがあしらわれた新スタンドが付属します。発売中 9800円
付属品：ドール、バブーシュカ、コート、ワンピース、タイツ、シューズ、ブラ、ショーツ、バッグ、ヘアアクセサリー、イヤリング、コレクションカード、新スタンド

フルーツパンチ

カラフルなフルーツをイメージした明るい金髪、ライムグリーンのアイシャドウ、ピンクのリップがとってもキュート。発売中 9800円
付属品：ドール、スタンド、ワンピース、サンダル、ピアス、フレアーのトップス、パンツ、バッグ、ブラジャー＆ショーツ、コレクションカード

スペリオールスケート

昨年11月にリリースされ大好評だったスケートデートがスペリオールボディとなって新登場。ドレス・小物を合わせると合計11点と充実の内容。12月発売 9800円
付属品：ドール、コート、セーター、ホットパンツ、巻きスカート、帽子、マフラー、ロングブーツ、スケート靴、バッグ、ショーツ、コレクションカード、新スタンド

ベルベットメヌエット

韓国での発売1周年を記念したブライスはオシャレに敏感な韓国女性をイメージ。白い肌、ピンクのリップ＆チーク、前髪ありのストレートロングヘア（ブラウン）で清楚かつ可憐な表情に。12月末〜1月上旬発売予定 1万2800円
付属品：ドール、ワンピース、耳っきケープ、手袋、マフラー、ベチコート、バッグ、ショートブーツ、ヘアバンド、タンクトップ、ショーツ、バイオリン、バイオリンケース、うさぎ、コレクションカード、スタンド

**ベリーインスパイアード
バイパウワウポンチョ**

ビンテージのドレスセット パウワウポンチョを現代風にアレンジ。ヘアカラーはコージーケープインスパイアードと同色のライトブラウンのロング。メイクもビンテージを意識したグリーンアイシャドウです。12月発売 9800円
付属品：ドール、ポンチョ、キャップ、オールインワン、ブーツ、手袋、スカート、ベスト、ブラ、ショーツ、コレクションンカード、スタンド

シルバースノー

ホワイトのロングウェービーヘアーに、淡いパープルのシャドウ＆ピンクのチークとリップが真冬の雪のようにはかなげ優しい印象。ウェアも、ドールに合わせて優しい色合いをチョイスしています。来春発売予定／詳細は追ってサイトにてお知らせします
付属品：ドール、ダウンジャケット、トレーナー、ミニスカート、タンクトップ、パンツ、イヤーウォーマー、リュック、ハイカットスニーカー、コレクションカード、スタンド

Pack Meシリーズ

① ② ③ ④ ⑤

ジーナ・ガランさんが撮影したイメージをキュートにデザインした小物類が揃いました。①フラットポーチ2種各950円 ②マチ付きポーチ2種1200円 ③ラウンドポーチ2種980円④ペンケース2種各950円⑤モバイルケース2種1200円

ブライスキューブリック

ブライスがブロック型のミニフィギュア、キューブリックになりました。アンケートなどで人気が高い4つの衣装（Aztec Arrival、Medieval Mood、Holly Wood、Pow-Wow Poncho）で登場です。オープンボックス仕様なのでキャラクターは選べます。シークレットブライスに出会えたら超ラッキー!! サイズ70mm 初回生産限定 各580円

問 1/6 計画 03-3467-7676

Mix&Match Blythe Photo Contest
〜第2回ブライス写真公募　入賞作品展〜

今回の写真展では、妹分のプチ・ブライスもモデルとして迎え、ブライスのさらなる魅力をフォーカス!! 会場では、ブライスのフォトグラファー及びスタイリストであるジーナ・ガラン、総合プロデューサー ジュンコ・ウォングの審査に加え、ネット上での人気投票や、スペシャル審査員として Vogue Nipponのファッションエディター 田中杏子、ミュージシャン Tommy February6のチョイスによる受賞作品の他、最終選考に残った80作品を展示致します。（入場料無料）
日時：'02年12月5日（金）〜12月20日（土）月〜金13：00-19：00／土13：00-18：00（日曜／祭日 休み・最終日は17：00迄）
会場：CWC、the Gallery東京都渋谷区代官山町1-6、広田代官山ビル3F
agents@cwctokyo.com
●ブライス展「Cool Mod」開催決定！ 12月16日（火）〜12月25日（木）東京プランタン銀座 7Fにて。ドール及びグッズの販売もあります。
●ジーナ・ガラン サイン会開催！ CWC直営店『Junie Moon』では、12月10日（水）、11日（木）の両日、ジーナ・ガランのサイン会を行います。当日、JunieMoonにて2000円以上お買い上げのお客様、先着50名様にジーナ・ガランがサインをいたします。サイン会は14時〜15時です。
詳しくは、ブライスの公式サイトをチェック！ www.blythedoll.com

Dress Set

フェアリーガール

ロングマントを脱ぐと、ロマンティックなドレスが登場。透き通るような羽やペチコート、ブルマー、アンクレットなど、どれもこれもがファンタジー！ 来春発売予定／詳細は追ってサイトにてお知らせします
※お人形は付属しません

ホールインワン

この秋、ブライスが夢中になったのはゴルフ!! トラッドなゴルフウェアは英国紳士風。ブライスサイズのゴルフバック、クラブ、ボールなどが付属します。発売中 4200円
※お人形は付属しません

問 タカラ 03-3602-3030　ブライス公式HP　http://www.blythedoll.com/

バービーをはじめアメリカ・マテル社の商品はバンダイ マテル事業部が扱っていましたが、本年末をもって業務提携が終了することが発表されました。でも、バービー買えなくなるわけではありません。来年からはマテル社の日本法人「マテル・インターナショナル」が販売を行っていくということです。新会社によるラインナップが今から楽しみですね。

ボブ・マッキー　ダイアナ・ロス
ゴージャスなドレスデザインで高い評価を得ているマテルの専属デザイナー ボブ・マッキーと音楽界のスーパー・スター ダイアナ・ロスがコラボレート。思わずそっくり!! と叫んでしまうモールドには驚きです。7800円（予価）今冬発売予定

プリンセス・オブ・イングランド
ピンクを基調としたメイクは豪華なドレスとコーディネート。ゴールドがあしらわれたドレスの襟元や袖口には中世のコスチュームデザインが採用されています。5000円（予価）今冬発売予定

プリンセス・オブ・グリース
来年のアテネオリンピックを記念して、古代ギリシャのプリンセスが登場します。月桂樹の冠をかぶった女神のような神聖な雰囲気が表情に溢れています。5000円（予価）今冬発売予定

アルマーニバービー
アルマーニがデザインした裾がV字にカッティングされたトップスとクレープ素材が使用されたビーズの刺繍が美しいスカート。お揃いのハンドバッグやアクセサリーでシックにまとまっています。2万8000円（発売中）
※ 全国の伊勢丹のみでの限定販売品

バービーの白鳥の湖

物語「白鳥の湖」の登場人物や乗り物などすべてをバービーのアイテムでカバーするピンクボックスの新しいライン。

フェアリークイーン・テレサ
妖精の女王に扮するテレサはピンクの宝石がついた魔法の杖を持っています。子供用ネックレス付属。2980円（発売中）

プリンスダニエル・ケン
ブルーグレーのパフスリーブのコスチュームにマントをつけた王子様のケン。白鳥のマスコット付属。2980円（発売中）

オデット・バービー
ボタンを押すと背中の羽根がブルーに光るギミックつき。またレバーを動かすと上下に羽ばたきます。2980円（発売中）

ライラユニコーンの馬車
ブルーとパープルを基調にしたラブリーな馬車。ユニコーンのライラの背にお人形を乗せることもできます。5980円（発売中）※人形別売り

ライラユニコーン
ライラの大きなぬいぐるみはひづめを握ると音楽が流れるギミックつき。さらに角が美しくライトアップします。4000円（発売中）

ボブ・マッキー 45周年アニバーサリー
バービー生誕45周年を記念して、ボブ・マッキーがデザインしたバービー。ブラック＆ホワイトの刺繍が施されたドレスはとても鮮やか。プラチナブロンドのヘアカラーは貫禄すら感じられます。1万4000円（予価）今冬発売予定

問 バンダイお客様センター 04-7148-5571

Doll My Scene マイシーン・バービー

ヘッドが大きめでとってもおしゃれなマイシーンシリーズはピンクボックスと同等の値段で、大人でも充分満足できるクオリティ。オフィシャルHP（myscene.com）ではバービーやフレンドドールの気になるファッションや恋のお話などがダイアリーで綴られ、商品とちゃんとリンクしているというファンには嬉しい展開になっています。家具やベスパなどの周辺アイテムにも注目です!!

WAVE3

シリーズ第3弾では新しいボーイフレンドのサットンが新加入。ファッションも一層センスアップしています。洋服と合わせたヘアメイクや、小物がばっちり決まっています。2480円〜4800円

←チェルシー
←ノリー
←マディソン
←バービー
→リバー
→サットン
→ブライアン

※このページの商品はすべてオープン価格になっており表記した値段は実勢価格です。ショップによって価格は異なります。

ナイト・オン・ザ・タウン

夜の街で出会った男の子と女の子のお人形がジオラマ風にセットされているスペシャルエディション。それぞれの心の中が吹き出しになっているBOXデザインもカワイイ!5800円

ノーマルバージョンとは違い、リアルアイラッシュになっていてセクシー度アップ!!

バービー＆リバー

チェルシー＆ハドソン

マディソン＆サットン

WAVE5

スキーにスノーボードとウィンタースポーツを楽しむマイシーンガールたちです。2400円

ファニチャーシリーズ

アンティークな雰囲気のブティックを再現できるアイテムがたくさん詰まったファニチャーセット。ピンク系艶消しトルソーがファンの間で大人気！ カフェセットもあります。3980円

WAVE4

お人形とベスパがセットになったギフトバージョン。ベスパに乗せてポージングができるように関節が曲がるボディになっています。4800円

サウンドラウンジ

ナイト・オン・ザ・タウンのラウンジセットです。ミラーボールが回ったり光ったりとギミック満載。超豪華ファニチャーにノリードールが付属しています。1万4800円

間 BIC 043-223-5751 http://www.Barbieinchiba.com　ロボクリス 06-6543-3369 http://www.robochris.com

バンビガーゼシャツ
¥2,800 (新)
FLAPつき黒
デニムスカート
¥3,000
ボーダーオーバー
ニーソックス
¥300
ラバーソール
¥2,300

新作発表!!
袖の作りなどに
凝ったシャツ2
点と新色のスカートです。

フックロンT
¥2,800 (新)
キルトSKアカ
¥2,400 (新)
ボーダーオーバー
ニーソックス
¥300
ラバーソール
¥2,300

零Goods universe MOMOLITA

MOMOLITA _preta

人形服作家モモリータさんがプロデュースするお人形服ブランド「MOMOLITA _preta」が10月よりスタートしました。第一弾のシリーズはパンキッシュな22cmサイズのお洋服。大阪の人気ロックショップ「UNDEAD」とのコラボTシャツやバックスタイルにもこだわったスカートがオススメです。今後もキッチュでクールなデザインのお洋服やアクセサリーを発信していくとのこと、これからが楽しみなブランドの誕生です!

※ここで紹介した商品はゼログッズユニバースのHPのオンラインショップ、ドールイベントなどで販売しています

右: Tシャツ（ウサギ）2000円、フリルエプロンスカート3000円、フリルリストバンド1200円、ボーダーソックス300円、ラバーソール2300円

左: Tシャツ（スカンク）2000円、FLAPつき黒デニムスカート3000円、リストバンド1000円、ボーダーオーバーニーソックス300円、ラバーソール2300円

Book ちいさいモモちゃん にんぎょうえほん

今年は「ちいさいモモちゃん」の物語が生まれて40年目。いつの時代にも親しまれてきたあのモモちゃんと黒ねこのブーが立体人形になりました。手のひらサイズの絵本を読みながら、モモちゃんやブーとごっこ遊びが楽しめるボックスセットです。

「ちいさいモモちゃん にんぎょうえほん」文/松谷みよ子 造形/小室一郎・喜多京子 1500円

間 講談社 03-5395-3535　©松谷みよ子・講談社

間 ゼログッズユニバース http://www.zerogoodsuniverse.com/

Candy Toy ミニチュア アンティークミュージアム

ヴィクトリア調
バルーンバックチェア

A.テュイエ型
ビスクドール

ブリュー型
ビスクドール

ジュモー型
ビスクドール

アールヌーヴォー調
アームチェア

カルーセル

ロココ調
ミラー付きドレッサー

ヴィクトリア調
ライティングビューロー

同じ造形で、それぞれ色違いバージョンがあります

19世紀にヨーロッパで生まれ、今なお愛され続けている「ビスクドール」が精巧な原型・彩色技術で定評のある海洋堂の手によってお菓子のおまけに生まれ変わりました。工房ごとに顔立ちや質感の異なるビスクドールを、海洋堂ならではの力量で見事に再現しているものです。ドールのサイズは直立しているもので約5.8cm。各250円

間 ドリームズ・カム・トゥルー 03-5687-6550　http://www.dct-net.co.jp
©TAKARA CO.,LTD.2003 ©KAIYODO 2003

Doll Twiggy Collection

'60年代後期、「ミニの女王」と呼ばれ、キュートなルックスと奔放な立ち振る舞いが世界中の人たちから注目されたイギリス出身のモデル ツイギー。そんな彼女がソフビドールとしてメディコム・トイよりリリースされます。オリジナルデザインのワンピースや当時のヘアメイクがバッチリ決まっていて、ステキ!!9800円 '04年2月発売予定

「TWIGGY DOLL」サイズは27cm。シルクプリントタイツ、ソフビ製ブーツ、スタンドが付属します。

「LITTLE TWIGGY」首、両手首、両足首、股関節が可動する10cmサイズのミニツイギー。各1000円 '04年1月発売予定

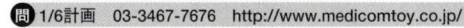

間 1/6計画 03-3467-7676　http://www.medicomtoy.co.jp/
©TWIGGY&Co.,Ltd a licence programme of ingram

今すぐ欲しいお人形

Doll 小さないきものuna、huna、cuna

一番新しい仲間はなぞなぞ大好きな不思議なコ、cuna（キューナ）。価格未定
※試作品のため、仕様が変更する場合があります

サイズは25センチ、横にすると目を閉じるスリーピングアイ仕様です。9800円

最近、新たに登場したhuna(ヒューナ)。今後もストーリーに沿った形で新たなキャラクターが登場する予定。9800円

長い距離を移動する場合は小さな馬（uma）に乗っていくこともあります。uma立ち・座り　各2000円

HPの「unahistory」ではunaや仲間たちが不思議な場所を旅する様子が公開されていて、そこはほんとうに夢の国のよう。一目でunaワールドに夢中になってしまうことでしょう。

「una(ウナ)は身長約25cmの小さないきもの。その生息範囲は広範囲に及び、世界各地に点在しています。unaは一ヶ所に定住しないという習性があり、一週間〜10日間隔で住みかを変えていくからです。気に入った場所が見つかるまで2〜3びき（unaは1ぴき、2ひきと数えます）で旅を続けるのです——」このような、独自の世界観を持つunaを生み出しているのは北海道のお人形メーカー「moof」。「きれい」や「かわいい」よりも「とんま」で「小生意気」をめざして開発をしています。実際に「una」が発売されたのは今年はじめ。すぐにお人形ファンの間で噂になり、今では新世代ドールのひとつとして注目されています。海外にもファンは多く、近頃では物語の設定どおり世界中にunaが点在するようになりました。

問 moof 011-861-8058　http://www.unaweek.com

Doll Kraオフィシャルドール

'01年に結成されV系新世代として絶大な人気を誇るバンド「Kra」（ケラhttp://www.pscompany.co.jp/kra/）と衣装屋Coeur de Roi（http://www.coeurderoi.com/）がコラボレートしたオフィシャルドールが発売されました。ファンシー＆メルヘンロックをコンセプトにした「Kra」の魅力をあますところなく再現するために、本格的なドールアイを仕様。セットされる内容はドール本体、ステージ衣装＆Coeur de Roiオリジナルデザイン衣装の2着セット、スタンド、クリアケース、メンバー直筆サインカード（シリアルナンバー入り）の豪華仕様となっています。単体2万7500円、4人セット10万円

ギター 舞（マイ）

ボーカル 景夕（ケイユウ）

ドラム 靖乃（ヤスノ）

ベース 結良（ユウラ）

問 http://ajax-jp.cside1.com/doll/top/kra.htm
©有限会社PS COMPANY

Campaign マイ コラボドール「エクプティ」

ビーチ・フラッパー
ちら見せパンファッションでちょっぴりセクシー

ロマンティック・デイドリーマー
ふわふわスウィートで超ラブリー

ウエスタン・キャメロット
流行のウエスタンでキメキメコーディネート

セブンティーンアイス＆雑誌「セブンティーン」＆イラストレーター森チャックさんのコラボレーションで生まれたお人形、それがこのマイ コラボドール（サイズ25cm）。セブンティーンアイスについている応募券を送ると9000名に当たるというキャンペーン賞品でした（残念ながら現在は終了）。目と口の付属つけかえパーツで笑ったり目を閉じたりといろいろな表情が作れる面白ギミックつき。コスチュームや小物は「セブンティーン」のモデルがコーディネートしたそうです。

Doll **Integrity Toys**

「手ごろな価格でとってもゴージャス」なお人形、ヴェロニク&アデールの2003年度アイテムが出揃いました。ファッションロイヤリティシリーズは写真を公開すると同時にすぐに予約がいっぱいになるほどの人気ぶり。確かにどれもゴージャス&セクシー!!

ファッション・ロイヤリティ・コレクション

モーヴ・アプソリュ・ヴェロニク
高級ラインのプレミアム・ドレスド・ドール。「Mauve」はフランス語で葵のことで下に着ている薄紫色のドレスを指しています。750体限定　1万3500円

ファッション・カレンシー・ラグジュアリー・ウェア
シンプルさの中に見るテキスタイルの面白さ…ホワイトのスーツがスマート。1000着限定4500円　※アウトフィットのみ

ファッション・プレート・ヴェロニク・ギフトセット
落ち着きのあるソフトな色調で統一されたギフトセットはボックスから取り外すのが惜しいくらい。800体限定　1万2000円

パープル・ファクター・アデール
上質な素材で作るドレッシーな風合いとフェミニンな色使いがアデールの美しさを際立たせます。800体限定　7300円

シックエスケープ・ヴェロニク
サマーバケーションでのヴェロニクのマリンスタイル。今までにない、フリップヘア（外はね）スタイルで登場。1000体限定　5800円

Integrityプレイライン

インテグリティがリリースする安いお人形シリーズがプレイラインです。（バービーのピンクボックスのようなものです）美形のマスクやバラエティに富んだシチュエーション、そしてお値段の安さはとても魅力的!!

アイコンズJanay

Icons Fashion Idols -Janay
ブラックレザーのロングコートの中から覗く赤のインナーが鮮烈なイメージのジャナイです。どことなく危険な雰囲気を漂わせながらも品のあるスタイリングが目を引きます。4800円

African Regends

Nakia
ジャナイよりもシャープなお顔立ちのフレンドドールです。2200円

Tariq
「Icon」シリーズと共にデビューした男性ドール。誇り高い戦士の装束。2200円

Janay
アフリカをテーマにしたＡＡドールのプレイライン。伝統的な儀式衣装であるテーマカラーのオレンジのマントをまとっています。フルーツとグラスが付属しています。2200円

Fashion Flashback

Fashion Flashback _Janay

Fashion Flashback - Giselle
丈の短いブラウスにやや色落ちしたベルボトムジーンズをあわせています。'60-'70年代のストリートカルチャーを色濃く反映した王道のファッションです。各1980円

Fashion Flashback _Alysa

間 BIC 043-223-5751　http://www.barbieinchiba.com

Doll Madame Alexander

今年で創立80周年を迎えるAlexander Doll Company。歴史あるマダムアレクサンダーの今秋コレクション「Fall Collection 2003」よりオススメの新作をご紹介します。

Wendy

Wendyが生まれて50年目の今年。秋のコレクションではそれにちなんだドールが発表されています。（サイズ8インチ）

Fifty Years of Friendship

ブロンドの娘の口と、ブルネットの娘の頬に磁石がはいっていて、十分近づけるとキスする位置を固定できる、ほのぼのなギミックつき！ 1500体限定 12月発売予定 2万1800円（2体セット）

Wendy's Fabulous Fifties Trunk Set

久々に発売されるトランクセットは、とても人気が高い'50年代のWendyのテイストを存分に盛り込んだ内容。ブルーの瞳のWendyが1体と2種類のアウトフィットセットが付属する豪華なハットボックスタイプとなっています。12月発売予定 3万9800円

ALEX

今回の新作のボディは3体ともすべて「Fully Articulated Body」（全18箇所の関節が可動）になっています。（サイズ16インチ）

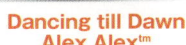

Spotlight Paris Williams Alex™

ブラックサテンのホルターベストドレスが褐色の肌によく映えています。ブラック＆ホワイトのビーズとラインストーンのアクセにも注目。500体限定 2万3800円

Cheongsam Jadde Lee Alex™

東洋系のJaddeはショートボブによく似合うチャイナドレス風のブロケイドミニドレスで登場。花留めのついたパンプスなど小物も充実！500体限定 1万8800円

Dancing till Dawn Alex Alex™

女性敏腕編集長のアレックス。パーティドレスも甘すぎずゴージャス＆セクシーな装い。ところどころに効かせたゴールドが大人っぽい。500体限定 2万5800円

問 アンジェリカドールズ 03-3722-6555 http://www.angelicadolls.com ©2003 Alexander Doll Company,Inc.

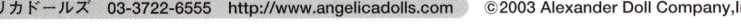

アクリルドールケース
（27cm用/60cm用）

大切なお人形をキズやほこり、紫外線から守りたい。でも箱に入れっぱなしじゃ可哀相ですよね。そこでオススメしたいのがこのお人形専用のアクリルケース。お人形が転倒しないように背板に穴が空いていて固定ができたり、箱を積み替えることなく出し入れできる引き出し式だったりとお人形ファンには嬉しい心配りがいっぱいです。27cm用、60cm用価格未定 ※アゾンインターナショナル各店舗にて発売予定

透明部分はすべて約80%紫外線を防ぎます。背板の首、ウエスト、足首の3箇所で固定ができます。サイズ幅130mm/奥行き320mm/高さ80mm
※写真は試作品ですので実際のサイズとは若干異なります。

問 アゾンインターナショナル 0467-50-2848 www.azone-int.com

Book Boon Toys ERIC SO

香港のフィギュアアーティストERIC SO（エリック・ソウ）のオンリーアーティストブック。7年間にわたる絵画やフィギュア作品をすべて網羅する充実の内容になっています。ケミストリーやTOYOTAとのコラボ作品制作秘話なども掲載。たまには「男の子」人形ワールドも覗いてみてはいかが？

コンプリートブックにmilk&shakeキューブリックと復刻小冊子『蘇勲』が付属。3800円

最新作の「I Love Animals」は手のひらサイズのマスコット。年明けには日本でも発売される予定です。詳しくはオフィシャルHPにて。http://www.ericsoart.jp

問 祥伝社 03-3265-2002 http://www.s-boon.com/

Doll Living Dead Dolls Series6

Jinx	Dottie Rose	Calico

Isaac	Revenant	Hush

アメリカの老舗フィギュアメーカーMEZCOがリリースしているオリジナルドールシリーズの第6弾。"可愛い墓場からの使い"がコンセプトのコワカワイイお人形は、今流行のデカ顔仕様。着せ替えやカスタムしたら結構面白いかも!? サイズ25cm 4400円

問 やまとカスタマーサービスセンター 03-3865-8211

©Mezco Toyz,LLC.All Rights Reserved.

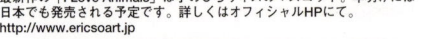

momoko新作ドール&「DAYDREAM BELIEVER "記憶"」展

流行の真っ赤なリップが白い肌に映えて印象的。

'01年8月『DOLLHEAD EXHIBITION2001』で誕生したmomokoの5回目の展覧会が去る10月31日～11月11日まで渋谷パルコ ロゴスギャラリーにて開催されました。会場では一般発売に先駆けて'70～'80年代の「女の子」ファッションと、東京の今のファッションがミクスチャーされた新作momoko・ドールが2種リリース。「ウールの肌ざわり」や「かすかな樟脳の香り」を感じさせる、記憶の中の「おでかけ」ファッションに包まれるというコンセプトで作られています。同時に先行発売された1/6ファッションブランド「momokomono」の「記憶」バージョンは、子供イメージのファッションを大人アイテムとしてリデザインしたもの。懐かしいなかにも今年っぽいテイストが盛り込まれています。

momoko
Ver.03AWnv
紺の上下のツーピースで上品な装い。1万5800円

momoko
Ver.03AWyl
特別なおでかけにはマントが必須アイテム。
1万5800円

今回の展覧会はアートディレクター・真鍋奈見江さんが持つ子供の頃の「記憶」を掘り起こし、その断片を融合させて完成させた新作ドールやアウトフィットの販売とともに、誰もが幼少時代に親しんだ「ぬりえ」をフィーチャーした内容になりました。関係者、一般の方からmomokoのぬりえを募集したり、会場で実際にぬりえを塗ったりという新しい試みがなされ、ぬりえグッズの販売も行われました。

長めの前髪とキリリ眉が意志の強さを感じさせます。

＊ボティはタカラ製です

momokomono

別珍サーカス（ブルー、オレンジ）各4800円
ジャケット：まゆのようなシルエットとラグランスリーブのジャケットは、前全開のボタン留め。
ハイネックカットソー：裾が出てしまうことがないボディスーツタイプ。後ろ開きビーズ留め。
ブルマー：サテン地でちょっと大人っぽい。後ろ開きカギホック留め。
フード付きマフラー：綿ニット素材のフード付きマフラーは帽子としてかぶっても背中にたらしてもOK。

ツイードアイドル（レモン、ブラック）各4800円
フード付きブルゾン：ショート丈のナイロン製。前全開のスナップ留め。
ワンショルダーキャミソール：スカートとお揃いの肩紐つきウールツイードのキャミソール。付属のリボンは取り外し可。後ろ全開のカギホック留め。
巻きスカート：ウエストがリボン留めになっているので、パンツに重ねたりと色々なコーディネートが可能。
チュールスカート：2段重ねのチュール製ミニスカート。

パンプス（クロ、シロ、アカ、アオ、キ、オレンジ、ボルドー）各1400円
シックな大人服にもジーンズなどのカジュアル服にも合う流行の60'Sテイスト。ぴったりフィットするように作ってあるので、"片方がなくなっちゃった～"ってこともなくなるかも。27cmアクションボディ（ダイナマイトボディ）対応。
※アオ・ボルドーの2色はSo-netオンラインショップ「momoko屋」の特別販売商品
http://www.So-net.ne.jp/momokoya/

間 ペットワークスお客様窓口　03-3770-4465（平日11：00～17：00）http://www.petworks.co.jp/doll/　©momoko™ 2001-2003PetWORKs CO.,Ltd

Doll&Dress タイラー Tyler Wentworth Collection

1/4スケール（約41cm）のタイラーにはランジェリー姿の「ベーシックドール」、お人形とアウトフィットがセットになった「ドレスドドール」、「アウトフィットオンリー」、「アクセサリー」と4つのカテゴリーに分かれています。先だって発表された新ライン「タイラーブティック」はアウトフィットが大充実。自分なりのコーディネートが楽しめるアイテムが揃っています。

タイラーブティック

トップス、ボトムス、アクセサリー、シューズなどお好みに合わせて色々選べるのが魅力的なタイラー専用の単品シリーズ「タイラーブティック」。モデルのニューフェイス「Saucy」（ソーシー）は全身可動の新ボディAR素体を使用。ヘアはレッドヘッド、ブルネット、ブロンドの3種類です。各9800円（人形のみ）

ワンピース「バタフライ・デイズ」3200円、サングラス・バッグ（ベルト・靴もセット）「キャンディ・スウェード」2800円

シルクジャケットアンサンブル「シルクソフィスティケート・セット」3200円、シルクパンツ（タイトスカートとセット）「ホワイトホット・セット」3200円、サングラス・バッグ（ベルト・靴もセット）「キウイバタフライ」2800円

ジャケット「シグネチャー・シルク」2400円、サングラス・ベルト・バッグ（靴もセット）「ブランカ」2800円

マット・オニール
遂にタイラーのBFが登場しました。名前は「マット・オニール」。詳細な設定や製品仕様はまだ発表されていませんが、このスケールで可動式のBFドールはかなり珍しく注目度も大!! まずは左のパジャマスタイル（ヘアカラー3種）が発売されその後、タキシード（1万5800円予価）とリリースされる予定です。Tシャツ&パジャマ 2004年発売予定 9800円

シドニー・チェイス・ムーバー&シェーカー
シリーズ中人気No1のシドニーのオンスタイル。ジャケットの下には多数のスパンコールがついているキャミソールを着用しています。1万2800円

ソーホー・ブルース
贅沢なファーをあしらったデニムジャケットはスウェードのブーツと合わせてスポーティーテイストに。8800円（ドレスのみ）

ブラック・ダイヤモンド
ラメ入りのブラックセーターとストライプのスカートがシック＆ゴージャスなドレス。9800円（ドレスのみ）

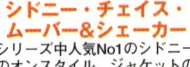 キューティーズ 03-3865-2516 http://www.cuties.co.jp/　＊通信販売可能

Book ブラウン ダイアリー ゴールデン

ブラウンは小さなクマのぬいぐるみ。写真家・奥川純一さんがブラウンの普通の毎日を写真に納めました。8月に発売された第2弾『ブラウン ダイアリー GOLDEN』は、増刷もかかって大評判。9月下旬にフォレット原宿で開かれた写真展でも、その場に顔を出したブラウンは、アイドル並みの人気でした。1300円

間 グラフィック社　03-3263-4579　http://www.browndiary.com

Furniture PETAL CHAIR

ポップでスタイリッシュ、まるでミッドセンチュリーの家具のような1/6スケールのお人形の椅子が発売されました。可憐な花びら（PETAL）をイメージしたデザインは2種、色はカラフルに4色揃っています。カラーキャスト製で無塗装、キット状態での販売。4500円

間 イエローサブマリン（新宿店）　6 F 03-3352-2429
©POOYAN TOYS
http://www.pooyantoys.com/

Doll Strawberry Shortcake

サイズ13cmの着せ替え人形「Berry Best Friend」と6cmの「Berry Cute Girls」。お人形のライセンシーであるバンダイアメリカが製造しています。早く日本でも発売して欲しい!!
http://www.bandai.com/

　元気でちょっと生意気、でもとっても可愛い女の子、ストロベリーショートケーキを知っていますか? 彼女はアメリカでは知らない人はいない、超有名人。'80年代にカードメーカーのカンパニーキャラクターとして生まれ一世を風靡したキャラクターです。その後ブームは下火になりましたが、数年前より人気が復活。アメリカではたくさんのお人形やグッズなどをニューデザインで登場しています。

※日本では発売していません
Strawberry Shortcake™ ©2002 Those Characters From Cleveland, Inc. Used under license by Bandai America Incorporated. All Rights Reserved.

Stuffed & Capsule Toy 宇山あゆみさん お人形情報

「昭和のメルヘンを現代に蘇らせたい」という思いで、創作活動をしているお人形作家の宇山あゆみさん。「Dolly＊Dolly」No.2でも登場し、多くの方から「もっと見たい!もっと知りたい!!」とう反響をいただきました。そこで、宇山さんがプロデュースしている一般発売商品の最新情報をお届けします。

カナリヤ堂　メルヘンコジカ
別珍の中にオガクズを詰めて作っていた素朴でカワイイ、昔ながらのマスコットをイメージでデザインしたバンビ。
立ちポーズ3色　1800円　眠りポーズ3色　1800円

ぬいぐるみマスコットコレクション（仮）
<カプセルトイ>
昭和30〜40年代、どの家のこども部屋にもいたようなぬいぐるみを、雰囲気はそのままに手のひらサイズで再現。'04年3月発売予定　各300円

ドールマスコットコレクション（仮）
<カプセルトイ>
ブームが去って忘れ去られたポーズ人形。でも、とびっきりの愛らしさを、気軽にに手にとって見て欲しいとミニチュアサイズで立体化。'04年4月発売予定　各300円

問 ユージン　03-3696-6003 http://www.yujin-net.com

Book & Stuffed くまのがっこう

<X'mas限定>
最新作の着せ替え服はツリーワンピース3000円予価
※ツリーワンピースとお人形がセットになったギフトBOXも特別販売予定 5000円予価

左より水着2000円、セーラー服2400円、パンやさん2400円、制服2400円（人形別売り）

　デザイナー あだちなみさんが描く特徴的な色づかいとセンス溢れるデザイン、そして何より、とっても可愛い"くまのこ"たちが、こどものみならず大人からも絶大な人気を得ている絵本『くまのがっこう』。そこに登場する主人公のジャッキーが着せ替えぬいぐるみとしてリリースされています。ジャッキーは針金入りで、座らせたりポーズをつけることが可能。販売店舗はHPに掲載されています。

「くまのがっこう」シリーズ（あだちなみ／絵 あいはらひろゆき／文）12ひきのくまのこたちが繰り広げる楽しいお話。1作目「くまのがっこう」、2作目『くまのがっこう ジャッキーのパンやさん』、3作目『くまのがっこう ジャッキーのじてんしゃりょこう』各1200円（ブロンズ新社）

問 （ぬいぐるみ・着せ替え服）バンダイ 03-3847-8201 http://www.pictbook.jp
（絵本）ブロンズ新社　03-3498-3272 http://www.bronz.co.jp　©BANDAI

Campaign キユピ・コレ2003

21cmのキユーピー人形に、蚊取り豚やござ、たこ焼き、ミニQPなど夏らしい小物がたくさん付属。当選者1万20000名にプレゼントされました。

※キャンペーンは終了しています

　毎回キユーピー人形が様々なコンセプトのコスチュームに扮して登場する「キユピ・コレ」キャンペーン。今年3月〜5月にかけて行われた第3弾も、スタイリストのソニア・パークさんをプロデューサーに迎え「夏祭り・キユーピー人形ミニチュアセット」がプレゼントされました。浴衣のキユーピー人形2体に13個の小物が付属する大満足のセットとなりました。

Doll BRATZ　ウィンター

今冬のテーマは「COOL&SPORTY」。ファーをふんだんに使用したクールで個性的なファッションです。着せ替え用の衣装の他に15個ものアクセサリーがセットされた充実の内容。サーシャ、ダナ、クロエ、ヤスミン、ジェイドの5人がラインナップ。4200円

問 タカラ 03-5680-2041　http://www.takaratoys.co.jp/
TM & ©2003 MGA Entertainment. Inc. All Rights Reserved.

Doll　Pullip　プーリップ

頭の後ろのスイッチを押すとまぶたが開閉し、スイッチを動かすと瞳が左右に動きます。

ヴィーナス：ティアラ・たすき・ガウンつき　1月発売　8000円

レプロット：エプロン、ウサギのマスク、リボンつき　12月発売　8000円
※インターネット限定発売商品　詳しくはジュンプランニングかプーリップ公式HP（http://pullip.net/）

ウィザード：旅行カバン、犬のフェイクレザーぬいぐるみつき　12月発売　8000円

ノアール：ギフトショーで展示された30体の試作の中で最も人気が高かったものを製品化。テディベアつき　11月発売　8000円

キャロル：ツリー形キャンドルつき　10月発売　8000円

　「今の気分」をファッションやヘアメイクで表現するお人形「プーリップ」。タウンやリゾートファッション、時には着ぐるみなんかも着こなして、毎月私たちに新鮮な顔を見せてくれます。デザインは韓国のデザイン集団「CHUNSANG CHUNHA」が担当。その一人、パクさんは元々ジェニーやミミちゃん（韓国の1/6サイズのお人形）などのコレクターで、日本ではファッションの勉強をしたこともあるというデザイナーさんです。来年からは自社製のオリジナルボディにチェンジ、1月にはバスタブつきの「シャボン」を、さらにその後はボーイフレンドの「ナム」や、小さな15cmサイズの「リトルプーリップ」などを続々とリリースしていくとのこと。まだまだパクさんのアイデアは尽きることがなさそうです。

問　ジュンプランニング　03-3866-4811　http://www.junplanning.co.jp　©CHINSANG CHINHA　発売元／CHINSANG CHINHA　販売／ジュンプランニング

Furniture　「fac」Wooden Sofa

　「クオリティーを保ちながらもリーズナブル」という難題に挑戦するのが「fac」シリーズの家具です。第一弾の革製ソファーに続きこの天然木を使った木製ソファーがリリースされました。1/6ドールをディスプレイするのにピッタリのサイズです。Wタイプ2800円、Sタイプ1800円　（おれぞれブラック・ホワイト・グリーンの3色展開）

問　オモチャーズ　06-6282-2156　©Gimmick Works

Doll　Rediscover BLYTHE

　みなさんも既にご存知の通り、ブライスは1972年にアメリカで1年だけ販売されたお人形。その当時のブライスの「完全復刻版」がアメリカのAshton Drake社より発売されることになりました!!　ドレスやパッケージもオリジナルとまったく同じ仕様だということでヴィンテージファンには嬉しいニュースです。もちろん、瞳も4色に変わります。
'04年3月発売予定　1万3000〜1万5000円前後

問　ロボクリス　06-6543-3369
http://www.robochris.com

※ 商品の仕様・価格等は、変更される場合があります。現在日本で発売されているものとは異なりますので日本のメーカー及び版権元へのお問い合わせはご遠慮ください。

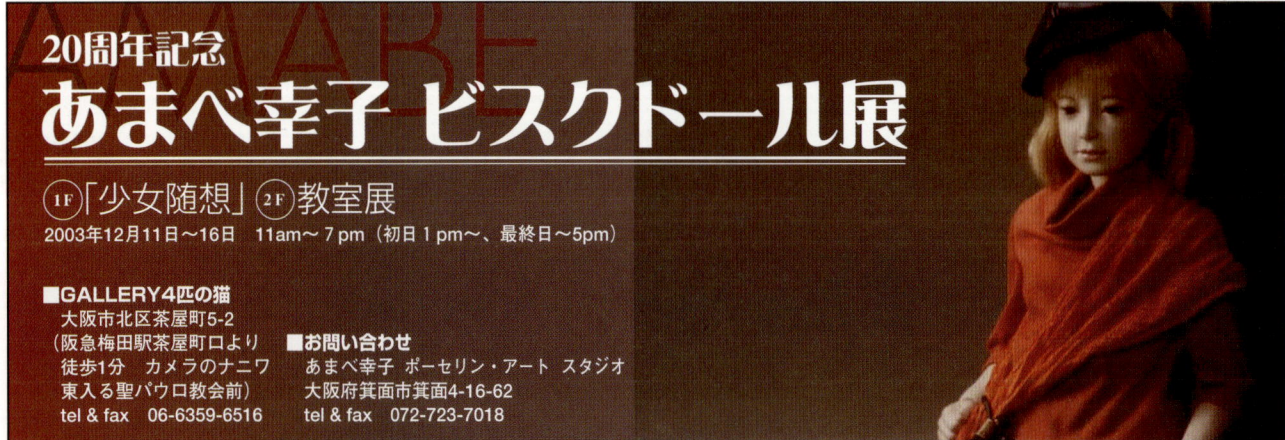

リカちゃん新着情報
名古屋嬢リカちゃん

9月18日に大幅リニューアルを行った松坂屋名古屋店のオープンを記念して、名古屋嬢リカちゃんが発売されました。第1弾は「JJ」と人気の5ブランドとのコラボファッションで登場。1000体9800円がすぐに完売になりました。名古屋嬢らしく肌はやや焼け、もちろん強めの巻き髪です!!

Manics

Knit Kitchen

Dear princess

COUP DE CHANCE

Apuweiser-riche

第2弾は地元のFM局（ZIP-FM）とのタイアップ名古屋嬢。10月1日から開催された「ZIP EXPO」で販売され300体があっという間に売り切れたとか。

リカちゃんフェスティバルin Matsuzakaya 開催!!
リカちゃんの歴史をたどる人形やハウスの展示企画や、松坂屋のモデルに大抜擢されたリカちゃんの誕生秘話・活動の歩みを大公開。注目は広末涼子さんや白石美帆さんといった人気芸能人がデザインした1点もののリカちゃんオークション。入札はイベント会場でのみ受付。
12月8日～24日　松坂屋名古屋本店
問 松坂屋名古屋店催事課052-264-7481

Book
「みづゑ」
freestyle art book mizue

ものづくりのアイデアがたくさん詰まった季刊誌「みづゑ」。この秋号はなんとリカちゃんが表紙を飾りました。同誌のアートディレクターのセキユリヲさんが生活スタイルを提案する自身のブランド「サルビア」と2代目リカちゃんを融合させて懐かしいけれど新しい、リカちゃんワールドを作り上げています。イラストレーター タケヤマ・ノリヤさんとの対談も掲載されています。1200円

問 美術出版社 03-3234-0942 http://www.bijutsu.co.jp/

Candy Toy
新タイムスリップグリコ
<なつかしの20世紀>第4弾

老舗「グリコ」と造形集団「海洋堂」が手がける食玩の人気シリーズに「2代目リカちゃん」が「ウルトラセブン」や「アポロ11号」などと共にラインナップされました。白いドレッサーとお化粧品もしっかりセットされています。250円

問 江崎グリコお客様相談センター 06-6477-8139

きものリカちゃん
年末の恒例ドールとなっている、きものシリーズ。リカちゃん3種ともえちゃん1種が着物で登場。草履、足袋が付属します。
ドール単品2980円、ドレス単品1980円

できたておとどけ！デリバリーリカちゃん
付属の携帯電話でオーダーするとリカちゃんがスクーターでカフェメニューを配達してくれるハイテクギミックつき。発売済みのカフェメニューも積むことができます。4980円

問 タカラ 03-5680-2041 http://www.takaratoys.co.jp

ウイルソン リカちゃん
テニスメーカー ウイルソンからリカちゃんをモチーフにした子供向けのテニス商品がリリースされました。それにともなって対象商品を買った人50名にテニスリカちゃんまたはリカちゃんTシャツが当たるプレゼントキャンペーンを実施しています。（12月15日締め切り）詳しくはhttp://www.wilson.co.jp/html/licca/

Event
5000万体感謝
キャンペーン

←4代目リカちゃんの人気が根強く正式な襲名のいたらなかった幻の5代目リカちゃん

←'76年に現れた、2代目ボーイフレンドのマサトくんはリカちゃんの憧れの上級生

今年の夏、累計販売数5000万体を突破した記念として、ファン親子約500名を招待したパーティが東京・パレスホテルで行われました。会場では歴代商品の展示や着ぐるみショー、ダイヤモンドリカちゃんがあたる抽選会などで大盛り上がり。来場者にはカフェメニューと同じデザインのお皿がお土産に配布されました。

今すぐ欲しいお人形

Doll ジェニーJenny

どんなファッションでも着こなしてしまうジェニー。この秋冬もフェミニン・スポーティー・セクシーと様々なスタイルの新作が次々にリリースされています。そんな中からコレクション性の高い大人向けのアイテムをピックアップしてお届けしましょう。

3位 ナオミ

2位 フローラ

1位 シオン

リカちゃんCLUB67オリジナルフレンドドール

今年8月に博品館TOYOPARK「リカちゃんCLUB67」店内で行われたフレンド人気投票で上位3位に選ばれたフレンド3人が、オリジナルドールとして発売! あなたのお気に入りは入賞していますか? 12月6日発売　各3500円

問 博品館TOYOPARKリカちゃんCLUB67　03-3571-8008

※ 限定品につき売り切れの場合があります。ご了承ください。

きものジェニー&フレンド

毎年恒例の年末シーズンにリリースされるきものシリーズ。今年はジェニーと共に「マリーン」「ちひろ」「あいこちゃん」が艶やかなきものを纏って登場です。各3980円 11月発売（ドレスのみ各2500円）

カレンダーガール2003
全日本女子高生制服通り

12月 キサラ
普通科二年生：モノトーンが知的な印象。

11月 フローラ
普通科二年生：ダブルボタンがスタイリッシュなブレザースタイル。

コレクターズファッション

運動会
まさにピンポイントなセレクト!! 体操着と鼓笛隊をイメージした制服のセット。2500円 11月発売 ※人形・トルソー別売

バニーガール
セクシーなサテン地のバニーガールコスチュームを着るとまた違ったイメージに。2500円 11月発売 ※人形・トルソー別売

ヴィクトリアンエクセリーナ6

アンティークドール風なドレスを着たエクセリーナの人気シリーズ。第6弾の今回は18〜19世紀頃のヨーロッパの少女をモデルにしています。ビロード風の布地や贅沢に施されたレースが豪華です。こだわって作ったという下着にも注目! 各1万円　12月発売

ジェニーファン必読の書!! 最新『nj』通販アイテム

ジェニーファンクラブ会報誌『nj No.35』より、会員しか手に入らない通販アイテムをピックアップ。オリジナルアイテムが気になる方は今すぐ入会しましょう!!

問 ジェニーズクラブ事務局　03-5545-1020

NJオリジナルドール　マリーン
パフスリーブのジャケットの下にはノースリーブのワンピース。スカート部分のフリルにはチュールが重ねてある凝ったゴシック調コーディネート。足下は編み上げロングブーツで決まり。5250円（税込）ドール+ドレス

会員オリジナルNJコレクション　シオン
腿あたりまで届くセンターパートストレートのロングヘア。ブルーグレーの瞳が白肌に映えて、気分はモード系。2625円（税込）

会員限定スペシャルドール　キサラ
『NJ No.34』誌上アンケートの結果、このドレスを着ることに決定したのはキサラでした。アメリカンセレブなスポーティーファッションがクールなキサラにとても似合っています。5250円（税込）ドール+ドレス
※通販アイテムは現在、販売していません

会員オリジナルNJコレクション　ジェフ
ソフトなイメージのジェフにぴったりの、茶色のミディアムヘアー。2625円（税込）

会員オリジナルNJコレクション　BFウエアセット
ジャージ、キャップ、チェーンつきのGパンなどBF用のストリートファッションが登場。チェックのトランクスつきだから腰履きもOK。3150円（税込）ドレスのみ

問 タカラ 03-5680-2041　http://www.takaratoys.co.jp/　創作・著作物 ©TAKARA CO.,LTD.2003

端麗な黒髪（トヨカロンを使用した
細くしなやかな髪）が魅力的なエク
セリーナ。シンプルなドレスデザイン
が清楚な美しさを引き立てています。

2004年カレンダーガール プレミアム
エクセリーナ「ミス・ニッポン」
（トロフィーはついていません）

「カレンダーガール」は、一年間12種類、毎月ワンテーマ
のもと、様々なコンセプトのジェニーやジェニーフレ
ームが一体ずつリリースされるシリーズです。これま
ンドが一体ずつリリースされるジェニーやジェニーフレ
で様々なテーマで発売されてきたこの「CG」も、何と

'04ではや8年目！そこで、タカラのジェニー開発チ
ームの方にシリーズについてのお話を伺いつつ、毎年、
コンプリートした人だけがもらえるプレミアムドール
を中心に、これまでの歩みを振り返ってみましょう。

3月・サヤカ（スカジャン）

2月・たまき（英国4人組旋風）

1月・マリーン（赤穂浪士）

6月・ちひろ（女忍者）

5月・シオン（万国博覧会）

4月・ナオミ（コギャル）

2004年カレンダーガール
【日本文化史 THE流行】

昨年同様ジェニー＆フレンド11人の構成。スト
リートファッションから時事に絡む流行まで、
現在までに脚光を浴びた数々のスタイルを取り
上げています。

※現行商品についてのお問い合わせ先はP.81をご覧下さい

各3,980円

Q1：「カレンダーガールジェニー」の開発チームでは、どんな風に作り出しているのでしょうか？まずは、この質問から。

A1：96年当初は6〜9才ターゲットに向け、コレクションならではの凝った仕様が楽しめる「CG」シリーズ。ジェニーの新しい魅力をマンスリーで楽しんで貰おうと企画しました。通年に渡りTVCFも放映され、ジェニーの魅力をアピールしました。テーマは「スウィートセブンティーンライフ」。星座別に占い誕生石リング（子供用）」もついていました。

Q2：今までの中で、最も反響が大きかったシリーズはどれですか？

A2：初回（96年）と「CG2002」ですね。特に「6年目の「CG2002」は、'01年度以降9ヶ月お休みしてからリニューアルしたシリーズでした。（旧来は4月スタートだった）ので、1月の新撰組マリーンは「どこに行ったら買えますか？」というお客様からの問い合わせが多かったです。余談ですが、来年のNHK大河ドラマ『新撰組』を記念して「3月にカレンダーガール番外編として新撰組ジェニー（2004個限定）の発売を予定しています。御期待ください。

Q3：「カレンダーガール」新シリーズを企画・開発する際に参考にするもの、心掛けていることなどはありますか？

A3：…シリーズ化（12種）出来るもの、

カレンダーガール2004 番外編
新撰組 ジェニー
2004年3月発売予定
5000円
2004個限定

Q4：'02年版からジェニーだけでなく、フレンドも登場していますが、そのきっかけは何ですか？

A4：ターゲットを高めに設定したジェニーコレクションを機に、コレクターの方々の再出発ジェニーコレクションを機に、コレクターの方々の再出発人気から投票で選びました。特に'02年のフレンドはマリーン、キサラ、18ジェニーそれぞれを、カレンダーガール仕様として彩色やマスクを一部新しくしてオリジナル性を出し、希少価値を高めています。

Q5：今後の「カレンダーガール」シリーズについての抱負などがありましたらお聞かせください。

A5：ドレスの細かいディティールや小物、彩色、植毛、パッケージングにこだわりをもって作っています。それぞれのこだわりを楽しんでください。（ファンの方へ）いつも愛顧頂き、誠に有難うございます。これからもファンの皆様にお応えできるよう、楽しい企画を開発していきたいと思っておりますので、ご期待ください。

～プレミアムドールを中心に～
「カレンダーガール」1996-2003
総数81体のカレンダーガールたちから、ほんの一部ですが、懐かしい子たちをご紹介します。

文・小石原直子
写真・（株）工画堂スタジオ
協力・タカラ

1997年「フローラルフェアリー」
月毎の誕生花を取り上げたシリーズで、花のイメージに沿ったファッションのジェニーが登場しました。この年以降5月（4月発売）スタートになります。

「チューリップ」4月
「コスモス」10月
プレミアムジェニー「花の妖精」

1996年「スウィートセブンティーンライフ」
各月にちなんだイベント等がテーマ。月ごとの誕生石をイメージした子供向けのおもちゃの指輪付きで、各タイトルが長いのも特徴です。4月（3月発売）からのスタート。

「↑たしが主役 ジューンブライド」6月
「白とブルーが似合う夏のエーゲ海へ旅行」7月
プレミアムエクセリーナ「アンティークドール」

1998年「宝石」
誕生石をテーマ。大人ユーザーにも人気のあるエイティーンジェニーを起用した、コレクターの評価も高いシリーズです。

「アメジスト」2月
「ターコイズ」12月
プレミアムエイティーン「クリスタル」

2000年「ミュージック」
この年は音楽がテーマ。スタンダードなジェニーです。「笑い顔」「眠り顔」や、レゲエのドレッドヘアー等の大胆な髪型も登場。レコード盤の紙小物が付いています。

「フォーク」3月
「R＆B」10月
プレミアムジェニー「グラミー賞」
※実際はエイティーンジェニーがもらえました

1999年「カクテル」
前年同様「エイティーン」ですが、この年のものはシリーズ用に新規に起こしたアイプリントで、最初の数ヶ月分は口元プリントがオープンマウス仕様。カクテルグラスの小物付きです。

「ピンクレディ」3月
「グラスホッパー」6月
プレミアムエイティーン「カクテルの女王」

2003年「全日本女子高生制服通り」
シリーズ構成がジェニー（現行型）1＋フレンド11人に。小物として全員にそれぞれ違う学生証が入っています。なお、8月のジェニーは眉プリントを替えた特別仕様のものです。

「ジェニー（英文科2年）」8月
「フローラ（普通科2年）」7月
プレミアムエクセリーナ「アカデミカル」

2002年「ユニフォーム・オブ・ヒストリー」
初めてフレンド（マリーン、キサラ）を起用、エイティーンジェニー（細眉仕様）を加えた計3人が、1ヶ月毎に交代で登場しました。この年より1月（前年12月発売）スタートに。

「エアフォース」9月
（エイティーンジェニー）
「マーチングバンド」10月
（マリーン）
プレミアムエクセリーナ「ナイチンゲール」

2001年「お休み」でも…
こんなノベルティドールが登場！
2001年末に行われたキャンペーンで、既存のカレンダーガールの応募券を3枚集めて送ると、抽選で貰えた非売品です。各150体限定。

2001年カレンダーガールキャンペーン
マリーン（左）
エイティーンジェニー（中央）
キサラ（右）

2003年プレミアムドールはまだ応募受付中！間に合うかも！
2003年カレンダーガールシリーズを12種類集めるとプレゼントされるプレミアムドール「アカデミカルエクセリーナ」の応募の〆切は2004年1月末日（当日消印有効）です。詳しい応募要項については商品パッケージをご覧下さい。

※本ページに掲載の過去の商品写真の中には、実際に発売された商品と仕様が違う場合があります

何でも1/6化計画 第2回

前回大好評をいただいた、1/6サイズのお人形にピッタリの小物を紹介するこのコーナー。今回も目を見張るほどの精巧な作りと、ちょっとニンマリしてしまうラインナップでお人形ファンから定評のある「リーメント」の食玩と、日常的に使うアイテムが充実している「ユージン」のカプセルトイを大公開!! 1/6サイズの小物をたくさん集めて、色々なシチュエーションカットを楽しんでください。

モデル::ジェニーフレンドたまき、あいこちゃん（タカラ）／たまきのお洋服：カットソー、スカート（ボークスWTG、カーディガン（タカラのコレクターズファッション・ナースより）／あいこちゃんのお洋服（ボークスWTG）

ぷちサンプルシリーズ 第10弾
ファミレス2

各250円

福岡県産　明太子

愛媛県産　いよかん

ついつい買っちゃう♡（BOXティシュー・マヨネーズ・ポテトぷちップス・カップめん・缶コーヒー）

ぷちサンプルシリーズ 第8弾
ぷちスーパー

各250円

ピザ

北海道産　北国野菜

山梨県産　ぶどう

ミニレジ袋・ミニ買い物カゴ
※全てのセットに入っています

本日の特売品（蛍光灯・お茶・家庭用洗剤・刺身用アジ）

ステーキ

鹿児島県産　さつまいも

北海道産　新巻鮭

ぷちサンプルシリーズ 第9弾
産地直送便

各250円

明日の朝ごはん（食パン・牛乳・ケチャップ・ロースハム・6個入りチーズ）

クラブハウスサンド

広島県産　松茸

北海道産　タラバガニ

熊本県産　すいか

今夜はカレー？（ぷちうまカレー・プチヒカリ米・じゃがいも・豚コマ切れ・リンゴ）

冷やし中華

静岡県産　お茶

青森県産　ホタテ

愛知県産　メロン

お好み焼きしよっ！（豚肉バラ薄切り・中濃ソース・小麦粉・タマゴ・キャベツ）

間 リーメント　054-380-2201　http://www.re-ment.co.jp　©2003 RE-MENT

ムース・オ・マンゴー

ショートケーキ

シュークリーム＆エクレア

お子様ランチ

グレープフルーツムース

ハートミルフィーユ

おしるこ

インドカレー

みたらし団子

クラフティ・オ・スリーズ

フルーツロールケーキ

アフタヌーンティー

ハニートースト

ナシゴレン

モンブラン

パッションフルーツムース

プリン・ア・ラ・モード

菓子パン

石焼ビビンバ

チョコレートクラシック

シャルロットポワール

今日は買い食い

クリームソーダ
＆コーラフロート

ドリンクバー

クリスマスケーキ

クロカンブッシュ

ストロベリータルト

ドリア＆
オニオングラタンスープ

モデル：カナ（ボークスWTG）／お洋服：カットソー
（アゾンインターナショナル『すずなDREAM OF YOU』
着用のもの）

※ 発売済みの商品は売り切れの場合があります

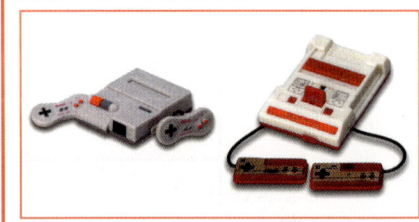

We celebrate her 45th Anniversary.

www.robochris.com

プロに教わる お人形写真講座 第1回

「キソのキソ とりあえず キレイに撮れるようになろう」編

大好きなお人形の可愛さを、誰かに伝えたい。愛する気持ちを写真で残しておきたい。誰でも簡単に撮れるけれど、突き詰めていくと奥の深い、お人形写真道。プロのお人形写真家さんに教わって私だけのお写真を撮りましょう。おうちにあるコンパクトなデジカメがあれば十分です。第一回は「キソのキソ とりあえずキレイに撮れるようになろう」編です。

監修／小野寺宏友、イラスト／みよこみよこ

今回の先生と教わる人

オノデラ先生
プロ歴20年のお人形カメラマン。
専門は22cmの有名なお人形です

ミヨちゃん
お人形遊びを始めたばかりの
初心者さん

わーっ。素敵な写真がいっぱい！この講座を読めば、私もこんな風に撮れるようになりますか？

うーん、それはどうかな。今日のタイトルを見てみて。

え？「とりあえずキレイに撮れるようになろう」編……とりあえずキレイって？

はっ、それは、技術があるからこそ、お人形のよさが伝わってくるってことですか？

つまり、キレイというのは、腕、技術のことだよ。お人形写真にはハートが必要で、ハートだけで撮った写真だって悪いものじゃない。でも、このページの写真は、ハートだけでなく、腕も伴った写真だ。腕がハートをより伝えてくれるんだよ。わかるかな？

つまり、腕が無いのに、いい写真なんて撮れないってこと？

そこまでは言わないけど、ハートは他人に習ったからって身につくわけではない。簡単に上手になれると思うのは甘いよ。

すみません……。

気にしないで。そのかわり、腕の方は勉強で何とかなるものなんだよ。さあ一緒に少しでもいいお人形写真が撮れるようやってみよう。

はい！よろしくお願いします！

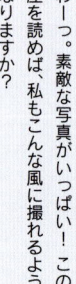

5.平野チカさん
スーパードルフィー

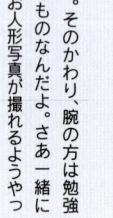

4.美夜花りりさん
自作の創作人形

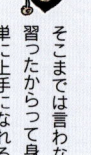

3.波田亮さん
自作の創作人形

1.横山律子さん
ブライス

2.nyaonさん
13SD BOY イアン、アーサー、オスカー

何のために お人形写真を撮るの？

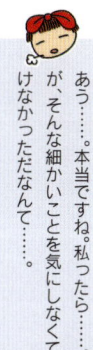
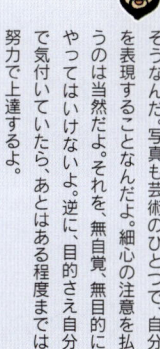
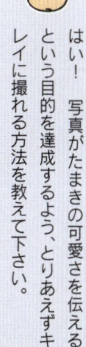
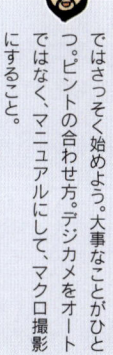
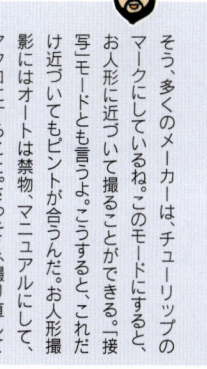

背景がごみごみしているし、ピンぼけ……。
これで可愛さが伝わるかな？

銀座の博物館で先週の土曜日にたまき（ダ カラジェニーフレンド）を買ってお洋服もそこで可愛いのを見つけたんです。手持ちのブーツを履かせてお写真を撮ってお友達にメールで送ったんだけど、こんなに可愛いのに「ふーん」ってすげない返事なんです……。悲しい……。

そうか……それでミヨちゃんに聞きたい。どういう目的で、このお人形の写真を撮ったの？

え？ それは、その、たまきが好きなお友達に、一緒に「可愛いね」って言ってもらいたくて……。

それは、先生のようにプロの方の写真とは大分違いますけど……。一体どこが悪いんでしょう？

え？ それで写真を撮りたい。どういう目的で、このお人形の写真を撮りたい？

それを、考えてみよう。まずプロの方の写真を撮りたい。

そうだよね。ミヨちゃんは、そのお友達に、この子の「可愛さを伝えたい」という目的を持って撮ったんだよね。

そういえば……。考えたこともなかったけど、確かにそうです。

この写真で、それが伝わるだろうか？ ミヨちゃんは相手のことを考えて撮ったかな？ たまきはピンぼけだし、髪も乱れて服もだらしないし、足は切れているし、ミヨちゃんの指が写りこんでいるし、背景もミヨちゃんのおうちの様子が丸見えだし、ボーズも意味不明だし……。これではせっかくの美人が勿体無いよ。

あぅ……。本当ですね。私ったら……。

が、そんな細かいことを気にしなくてはいけなかっただなんて……。

そうなんだ。写真も芸術のひとつで、自分を表現することなんだ。それを、無自覚、無目的でやってはいけないよ。逆に、目的さえ自分で気付いていたら、あとはある程度までは努力で上達するよ。

はい！ 写真がたまきの可愛さを伝えるという目的を達成するよう、とりあえずキレイに撮れる方法を教えて下さい。

ではさっそく始めよう。大事なことがひとつ。ピントの合わせ方。デジカメをオートではなく、マニュアルにして、マクロ撮影にすること。

マクロというと、このチューリップのマークですね。

そう、多くのメーカーは、チューリップのマークにしているよ。このモードにすると、お人形に近づいて撮ることができる。「接写」写真近づいてもピントが合うんだ。こうすると、これだけ近づいてもピントが合うんだ。お人形撮影にはオートは禁物、マニュアルにして、マクロにすること。さっそく、撮り直してみて。

はい！

マクロモードでピントが合った！

さっそく撮り直しました。

よくなったね。スタンドを使ってポーズも工夫したね。服の乱れも直っているのもいいね。見せたいのはお人形自体だから、他の家庭用品などが写っていると、撮影者の生活なんかを想像してしまって、こういう場合はよくないからね。ピントも合っているね。

ポイント
○目的を自分で認識してお写真を撮ろう
○オートではなく、マニュアルにして、マクロモードにする
○お人形を撮る前にお人形も準備しよう

頭　髪は乱れていない？
顔　汚れていたら拭いてあげよう
手　汚れが目立つ部分。拭いてあげて
服　ボタンが取れかけたり、スカートがめくれたりしていない？（できるだけアイロンをかけよう）
全体　ポーズは不自然ではない？（脇を締めるとぐっとよくなる）

お人形、どんなデジカメで撮ればいい？

私のカメラはこういうコンパクトなもので、お友だちのお古の290万画素なんですけど……。

それで十分だよ。デジカメって技術が日進月歩で、何となく新しく出たスゴイのを買わなくてはいけないのかと思ってしまうけど、今すごく買いやすくなっている300万画素クラスのもので、大抵の目的は果たせるよ。大体のデジカメの性能別に3タイプを説明するね。

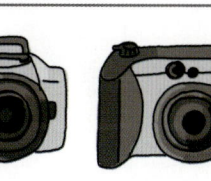
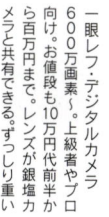

一眼レフ・デジタルカメラ
600万画素～上級者やプロ向け。お値段も10万円代前半から百万円まで。レンズと共有できる。ずっしり重い

中型高級デジタルカメラ
400万～800万画素
500万画素クラスが主流。機能が充実していて、階調豊かに撮れる

コンパクト・デジタルカメラ
200万～400万画素
300万画素が主流。小さくて軽い。ズーム付きがおすすめ

ふ～んいろいろあるんですね～。

大判カレンダーを作ったり展覧会で大きく引き延ばすぞ！ なんて思わなければ、webにアップしたりポストカードに印刷するなんていうことも、「コンパクト」で十分なんだ。今はネットオークションなどで安く買えるしね。

よし！ 私の小さいお古のカメラで、お人形写真を撮りまくるぞ！ 中型は上達したら考えてみます！

ポイント
○お人形を撮るには、300万画素、3、4万円までのデジカメで十分！

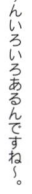

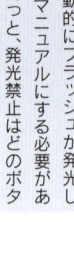

先生、でも、不自然に顔が光ってしまって、影も濃いし、なんだか明るすぎて雰囲気が出ていない感じがするんですけど……。

そうだね。では、次に大事なことを説明しよう。影が濃くて平面的に写っているのは、フラッシュがまんべんなくあたっているからだよ。フラッシュが当たると、透明感がない、チープな印象の写真になってしまうことが多い。だから、フラッシュは発光禁止にしよう。デジカメなら室内の光で十分だよ。

オートだと自動的にフラッシュが発光してしまうので、マニュアルにする必要があるんですね。えっと、発光禁止はどのボタンかな……。

フラッシュの状態の表示は各メーカー共通なので、この表示を参考にしてね。

発光禁止モード
光量が足りなくても強制的に発光禁止
※お人形撮影では基本的にこのモードで！

オートモード
周囲の明るさに応じて、光量が足りない場合自動的に発光

強制発光モード
光量が足りていても強制的に発光

では、さっそく発光禁止モードで撮ってみま～す。……あれ？

あの、ものすごくぶれてしまいました。どうして？！

うん、実は、今、フラッシュを発光させず、自然光（太陽光等）もない夜間だから、光量が足りず、そう言う場合は少しでも光を集めようとシャッタースピードが遅くなってしまうんだ。だから、その間少しミョ～ちゃんの体とカメラが動いてしまって、こんな風にぶれてしまうんだよ。

そうなんですか～。でも、フラッシュは禁止だし、自然光だけで撮れない昼間は忙しくて写真撮れないし……どうしたらいいですか。

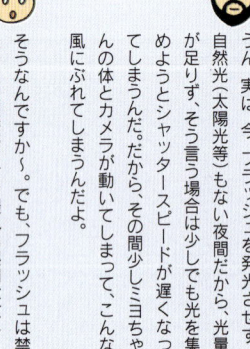

簡単だよ。デジカメが動かなければいいんだ。プロや上級者は必ず三脚を使って撮影しているよね。あれは、ぶれないよう、カメラを固定しているんだ。三脚か、それがないなら家庭にある本やビデオケースなんかを重ねたものでもいいんだよ。何かカメラを安定しておける台を用意すればいいんだよ。

そのビデオケースとかは、何cmぐらいの高さにすればいいですか。

うわ、激しい手ブレ……これでは使えない

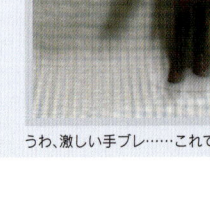

カメラは目と一緒だから、自分の視点によって変わってくるよ。それは自分で決めるといい。

あ、そっか。視点はどこに持っていったらいいかなぁ。試してみよう。①の位置だと、顎は細く見えるけど、ちょっときつい印象かな。③だと、う～んお人形って下から見ると首の線が見えてあまりよくないかも？

①は目の印象が強くなる。③だと堂々とした感じになるね。でも、お人形の目の高さでキレイに撮るなら、とりあえずキレイだよ。

確かに、②の目の高さが私の印象にも最も近いです。

安定していれば、家にあるものがいろいろ使えます

カメラの位置によって表情にも違いが出ます

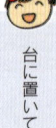

台に置いて、撮り直してみました～。手ぶれせず、自然な雰囲気で撮れたね。かなりよくなったよ。

ポイント
○マニュアルに設定して、フラッシュ発光禁止モードにする
○発光しないと手ぶれが生じるので、台で安定させる
○視点は、お人形の目の高さが無難

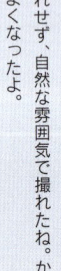
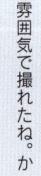
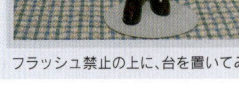

フラッシュ禁止の上に、台を置いてみた

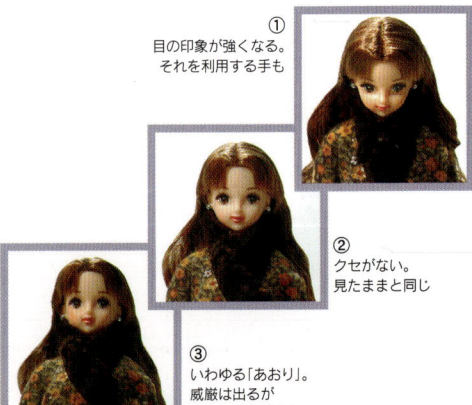

① 目の印象が強くなる。それを利用する手も

② クセがない。見たままと同じ

③ いわゆる「あおり」。威厳は出るが太めに見えるかも

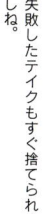
記録メディアは繰り返し使えるよ！

フィルムはお金もかかるし管理も大変

結果を確認するのが上達への近道

ポイント
○デジカメは、コストが安くて、結果がすぐわかるので、初心者も上達しやすい！

お人形だけに限らず、初心者にはデジカメを勧められることが多いけど、どうしてですか？

ずばり、うまくなるにはフィルムを何百本も使って写真をたくさん撮るのがいいんだ。プロは撮影現場で驚くほどフィルムを消費するし、プロになるまでも、作品作りに膨大なフィルムを使う。でも、ミヨちゃんはプロになりたいわけではないし、お人形も買いたいし、そんなに撮影にばかりお金を掛けられないよね？

はい……その通りです……。

そう。「デジカメがいいんだよ。デジカメの記録はスマートメディアやコンパクトフラッシュなどの記録メディアだよね。これらは何度も繰り返し使用できる。パソコンやプリンター、ソフトがあれば、自分でプリントアウトすることもできて、現像や焼き付けに出す必要も無いよね。

そうか。デジカメは、現像料、フィルム代がかからないのか……。

なんだ。デジカメや周辺機器に使ったお金は、撮って撮って撮りまくるうちに、十分もとが撮れるよ。

なるほど～。

それだけじゃないよ。デジカメは、デジカメ本体やパソコンのモニタで撮ったらすぐに結果がわかるよね。これってすごく大事なことだよ。工夫してライトしたことがうまくいったかどうかすぐわかるわけだから、銀塩カメラの何倍も試行錯誤のスピードが早くなるよ。

失敗したテイクもすぐ捨てられますしね。

そうだね。……でもミヨちゃん、ひとつ注意だよ。いくらデジカメでも、撮りっぱなしでは上達しないよ。撮ったら、自分でモニタで開いてみて、まだいくつかは出力したり、撮った結果がどうなったかその都度確認するんだよ。そうやって、うまくいった、失敗したことがわかって、これは上達していくんだよ。だから、これは、デジタルも銀塩も同じだよ。

はい、肝に銘じます！

う～ん、前よりいいのですけど、でも、顔がなんだか暗いような。目のあたりのくぼんでいるところは、どうしてもこんな風になってしまうんですか？

よく気づいたね。そう、今は天井からの部屋の明かりだけだから、上から照らされて、顔に影ができてしまうんだ。これを無くすには、別の方向からもうひとつライトを当てるといいよ。ライトは家で使っている電気スタンドでいいよ。

さっそく持ってきました。パチッ。アレッ。このスタンドの明かり、何か青いんですけど……？

明かりには、主に白熱灯と蛍光灯があるのは知っているよね。この部屋は白熱灯と蛍光灯がメインの照明だけど、このスタンドは、蛍光灯なんだ。この二つは色が違うから、一緒に撮ると、色の調整が難しくなってしまう。白熱灯の部屋なら、スタンドの電球も白熱灯に変えようね。蛍光灯の場合も同じだよ。

この色の違いが、写真に出るんですか？

詳しく言うと、白熱灯で撮ると、少し赤っぽくなり、蛍光灯の下で撮ると、緑がかってしまうよ。こういうのを「色がかぶる」と言って、パソコンのソフトで修正できる。それと、デジカメはホワイトバランスという機能で、自動でこの「色かぶり」を修正してくれるけど、違う照明が混ざっていると、それが難しくなってしまうんだ。

電球を買ってきました！ ところで先生、ちょっと話はそれますが、もし電気スタンドが無い場合はどうしたらいいですか？

スタンドが簡単だけど、それが無い人は、電球型蛍光灯や、東急ハンズなどで売っているシンプルな柄付きのスタンドを買ってくるといいよ。

はい。それと、このスタンドの光ですが、どのように当てたらいいですか？

それも、いろいろ試してみようか。

蛍光灯　白熱灯
蛍光灯には蛍光灯、白熱灯には白熱灯を

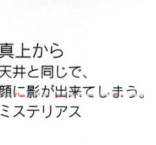
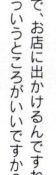

下から
ホラーっぽいけど、ちょっとやりすぎかも

斜め上から
影も消えて、いい感じ

真上から
天井と同じで、顔に影が出来てしまう。ミステリアス

デジカメを手の一部に！

お店ではシャッターを押しまくろう

予算と合うもので絞ろう

カタログで好きなデザインを選ぼう

もし、これから初めてデジタルカメラを買いたいという人がいたら、どうやって選んだらいいですか？

時々女性にどんなデジタルカメラを買いたいかわからないと相談されるんだけど、そんなとき、こんな風にアドバイスしているよ。まず、カタログや雑誌の広告などで、自分の好きなデザインのデジカメを選ぶんだ。

少しでもカメラをかじった人なら違ってくるけど、初めてカメラ、デジカメを買おうと思い立った初めてさんだったら、どのデジカメでも性能は十分だったりするからね。だから、何となく見た目が気に入ったものを選ぶのでいいんだよ。

ふむふむ。

いいのが見つかったら、次はお財布と相談だ。ここでポイントだけど、カメラの値段だけで見ると、らく、お得に見えてきたりするんだけど、記録メディアには何種類かあるものと同じだったら、もし家族のデジカメのものと同じだったら共有できるからね。それが、いいカメラを買うために一番大事なコツだよ。

幾つかに出かけるんですね。お店はどういうところがいいんですか？

大きな量販店がいいかな。プロやマニアだけでなくて、一般の人もたくさん来るし、一度に多くの機種が見られるし、気軽だよ。ここで、とにかく目星をつけてきたものを持って、握ってみよう、シャッターを押してみよう、それが、いいカメラを買うために一番大事なコツだよ。

え、お店でシャッターを押すのがコツなんですか？

そう、遠慮しないでどんどん押そう。そして、使っていて楽になるカメラを選ぶこと。なぜならデジカメは道具なんだよ。気に入ったデジカメのブランドのボールペンや、気に入りの画材やお裁縫道具と同じ。ミヨちゃんもお気に入りの画材やお裁縫道具のブランドがあるよね。それと同じ。何となく使いにくい、手になじみにくいところにボタンがあるカメラなんて、撮りたくなくなっちゃうよね。

ははあ。何となくわかります。

そして、しっくり来る一台を選んだら、さっそく購入して、とにかく撮りまくること。そのうち、慣れてきて、ボタンやシャッターの操作も手に慣れてきて、操作に煩わされずに、被写体に集中できるようになって、傑作が撮れるよ。

一灯照明でイキイキした！

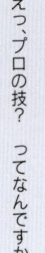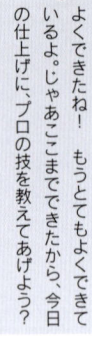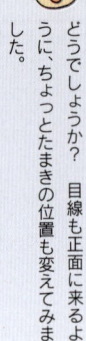

スタンドは斜め上から当たるようにするといいみたいですね。さっそく撮ってみました。

どうでしょうか？ 目線も正面に来るように、ちょっとたまきの位置も変えてみました。

よくできたね！ もうとてもよくできているよ。じゃあここまでできたから、今日の仕上げに、プロの技を教えてあげよう？

えっ、プロの技？ ってなんですか？

てほどのものじゃないんだけど…、布をバックにする時、柄ものはお人形とのコーディネートが必要だからセンスが必要になってくる。無地にして、しかも紙にすると床に着く部分はカーブをつけて、境目を無くして奥行きを曖昧にするんだ。この図のように壁などに紙を貼って、テーブルなど安定したところにたっぷりめに紙をひくこと。紙は、画材屋さんで売っているケント紙がいい。画材屋さんが遠い人は、家に余っている白い布でいいよ。

壁からの距離が適正

壁に近いので影が出る

あっ、もうひとつ質問が！ バックとお人形の距離はどれくらいがいいですか？

バックからは適度に離すといいよ。近いと、濃い影ができてしまうから。

紙の高さはお人形の2倍以上に

ここはたっぷり取る

適度に離す

完成！

なるほど…。はい、撮ってみました！ どうですか？

先生、今日はありがとうございました。「写真を撮る目的」を自覚して、とりあえずキレイに撮れるような自信がつきました。

でも、このお人形のスタンド無しで撮ってみたいんですけど……。それと、天井の光を消して、もっといろいろ照明を使ってみたい！

うんうん。

ははは。うまく撮れると、どんどんやってみたくなるよね。そういうのは次回以降やってみよう。それまで撮って撮って撮りまくっておくんだよ。

はい！ ありがとうございました。

最初の写真

すごい！ 上手になったね！ 最初の写真と比べると、全然違うね！

ひ～最初の写真を出さないで～。

ポイント
○蛍光灯と白熱灯を混ぜないこと
○バックは無地の布か紙にする
○お人形はバックから適度に離すこと

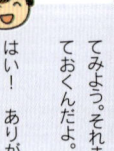

第一回目「キソノキソ とりあえずキレイに撮る」編では、身の回りにあるものを使って、基礎的な技術を学んで見ました。お人形写真を撮られたら、巻末の封筒等を使って、是非「Dolly*Dolly」まで送って見せて下さいね。

カヤ・キヤン作「Lauda-金魚」60cm　ポーセレン・その他　2001年

撮影データ
カメラ機種名 Canon EOS D30／撮影モード マニュアル／シャッター速度1/100／絞り F1.8／ISO感度 100／
レンズ 85.0mm／ホワイトバランス 太陽光／AFモード マニュアルフォーカス

Nights（ないつ）
静岡県浜松市在住。1997年頃から写真に目覚め、航空機・女性のポートレート等を撮影する。
2001年から人形の写真を撮影する。

「私的人形写真」

現在、人形の写真を撮り始めて2年と少し経ちました。それまで女性のポートレートを中心に撮っていて、行き詰まりを感じていたところに、スーパードルフィーを知ったんです。暫くしてネットで、創作人形が販売されているという事を初めて知りました。

その時、天野可淡さんの人形を思い出して、人形の写真を撮りたくなりました。以前、まだ写真を始めていない時に、テレビで天野可淡さんの人形に衝撃を受けて書店で可淡さんの人形の写真集を捜したんです。「こんな世界もあるんだ！」と感動しました。それまでは人形に興味は全然なかったのだけど、この時に人形に目覚めた気がします。

ややあって初めて創作人形の個展に行き、購入したのですが、自分でメイクした人形とは全然違っていて驚きでした。それ以後好きな作家さんの個展や展示会の度に上京して見たり購入したりするようになりました。

好きなタイプのお人形は、「この人形の写真を撮りたい!!」と強く思う子です。とくに色気のある眼をしている人形を撮っていて飽きません。

半眼の子は顔の角度によっては色々な表情をしてくれるので撮っていて楽しいです。人形を飾って見って見ているのも安らいで良いのですが、「写真に撮ろうとすると新たな発見があって楽しいものです。ここの角度だと『こんな表情してくれるんだ！』とか。

Present

本誌の制作に協力していただいたメーカーさんから読者の皆さんへのプレゼントです。巻末の封筒でご応募ください。応募者多数の場合は抽選となります。2004年2月1日締め切り（当日消印有効）。

各1名 計4体

← バービー
← チェルシー
← ノリー
← マディソン

1. マイシーン・バービーWAVE3
（提供：ロボクリス06-6543-3369）※種類は選べません

1名

2. バービーコレクタブル
<AVON限定>ヴィクトリアンティーパーティー（提供：ロボクリス06-6543-3369）

1名

3. Integrity ファッションフラッシュバック ジゼール
（提供：BIC 043-223-5751）

1名

4. Integrity アイコンズファッションアイドルズ ジャナイ
（提供：BIC 043-223-5751）

1名

5. Integrity ファッションロイヤリティ アデール「スーツラグジュアリー」
（提供：BIC 043-223-5751）

5名

6. ブライス キューブリック
4個1セット（提供：1/6計画 03-3467-7676）

4名

7. ミニチュア アンティークミュージアム
5個1セット（提供：ドリームズ・カム・トゥルー 03-5687-6386）※種類は選べません

各2名 計10名

8. CoCoドール
左より「コート」「ブラックドレス」「プリントドレス」「チェックワンピース」「ベッチンドレス」（提供：セキグチ0120-041903）※ご希望の種類を明記してください

各1名 計2名

9. ベビードール
（提供：アッパーウエストインターナショナル 06-6772-0001）

2名

10. リビングデッドドールmini シリーズ2 5種1セット
（提供：やまと 03-3865-8211）

3名

11. momokoぬり絵冊子、特製サクラクーピー
2種1セット（提供：ペットワークス 03-3770-4416）

コッペリアの窓から [Vol.3]

みなさんのお宅のお人形さんを見せっこしましょう。愛情に満ちたお写真が今回も沢山来ていますよ！一挙に3ページのワイド版でお送りします！

Illustration:miyokomiyoko

「ラガディアンとアンディ、ベリンディなど、自分で手作りした子たちです。」愛媛県東予野市・キティさん

「中国のお姫様でしょうか。母の作品です。」ヘッドはノアドローム、ボディはボークスのものです。大阪市・坂本由美子さん・貴子さん

「ボークス29番のフルチョイス。多少自分でもメークしています。」「チャイナドレスは一応手作りです。ボタンも手結びに使わなくなったアクセサリーの石をあしらいました。」目黒区・まゆのあおさん

「シーナとジュディです。図書館でお人形服の個展が開かれるのだそうです。素敵ですね北海道音更町・小野遼さん

自分で作った市松さんだそうです。神戸市・MISAさん

マダムアレキサンダードール「風とともに去りぬ」のスカーレットです。品川区・みーたんさん

「ブライスに自作の着物を着せて写真を撮りました。」江戸川区・fumichinさん

「SDは簡単にカスタムできるのでとても楽しいです。」kyonさんのメイクアップ教室のヘッドと翔ボディの子です。武蔵野市・長嶋直子さん

「プチブライスの着せ替えを楽しみたく…。」「レースやサテンリボンを使用し、簡単に可愛らしく仕上げてみました。」横浜市・みつばさん

「故郷に帰った時にお花畑でブライスの写真をとりました。そばに咲いていたクローバーも髪に飾ってあげました。」高崎市・白雪姫さん

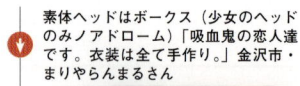

素体ヘッドはボークス（少女のヘッドのみノアドローム）「吸血鬼の恋人達です。衣装は全て手作り。」金沢市・まりやらんまるさん

上：メイク・オーバー・幼稚園児！かわいいですっ！「ガクちゃん（Gacktさんをモデルに制作）ソファーも自作です。」
右：「聖良ちゃん。衣装はアトリエ沙羅さんです。」大阪府交野市・ひめりんさん

「ジェニーのドレスは胸のラインを出すのに苦労しました。手製の刺繍をほどこしてみました。」群馬県富岡市・懸川二三代さん

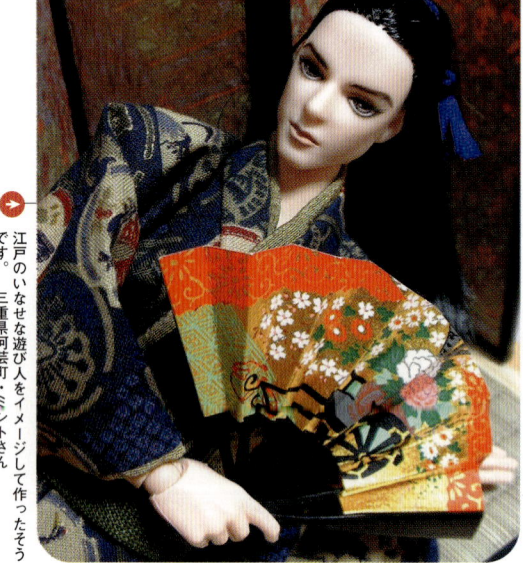

はじめてメイクオーバードールに挑戦しました。「バンダイのセーラーネプチューンに日本人形の髪を全植毛し、顔にリペイントしました。洋服も自分で型紙を取って作りました。」名古屋市・りりぱっとさん

江戸のいなせな遊び人をイメージして作ったそうです。三重県河芸町・ミントさん

お手製の着物姿のおすましナナです。「和裁技能士の免許を持っている友人に教わりながら縫いましたが、一週間もかかってしまいました。」群馬県群馬町・Mネコさん

美麗大和撫子KITTYです！「家に居る子の写真を撮りました。ドレスは自作、髪も桃割れに結ってあります。」元は"First Class"KITTYだそうです。甲府市・さくらさん

右：「桃子は最近、写真に凝っています。いいショットが撮れるかな……。」こだわりのカメラはハズブロ製。自転車はドラゴンのものだそうです。
左：戦場シーンのりりしい美女はリカちゃんキャッスルシオン、衣装はアゾン製です。前橋市・黒江龍雄さん

祝！ブライスデビュー♡「…とうとう買ってしまいました！ディスコブギーです。娘（6才）もカワイイ！と言ってくれますが、娘のお友達は「コワーイ！変な人形～！」と言って近付いてくれませんワ（笑）」江戸川区・岡田福子さん

「隻眼卿2代目。表向きは貴族ですが裏稼業があるという設定で作っています。」札幌市・迦羅さん

「最近作り始めたカスタム初心者です。新撰組特別編に土方歳三のファンなので、写真を元に五稜郭時代の軍服姿の土方を作ってみました。苦労した分とっても可愛く思えてしょうがないです。」高知県高知市・ぞんさん

まるで絵本のようですね！「お魚ポーチを持ってお散歩中のリカちゃん。フリフリや今風のお洋服も似合うけど、こんなシンプルなスタイルが私好みです。」秋田市・荒川聡子さん

「ベッツィー・マッコールのベーシック（トスカ＆ブルネット）に、お揃いのお子様ねまきを作りました。スリーピング・アイなのでお昼寝姿もとても可愛いベッツィーです。」横浜市・ヨシダチエさん

上：「ピンク髪の子はフランス人形風のカスタムドールが欲しくて、自作してみたものです。」ノアドロームヘッドNo.106（髪植毛済・ピンク）素体はニニーAタイプ、ナース服は市販のリカちゃん本の型紙から作りました。
下：どんな服でも似合っちゃうリカちゃん。つなぎはオリジナル、スニーカーはボークス製、大工道具はバービーのケンの小道具です。横浜市・鹿島田しきさん

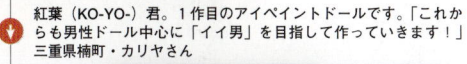

バレリーナ風スタイルでかわいいですっ！「文化人形を作るのにはまってます。」江戸川区・JACKさん

紅葉（KO-YO-）君。1作目のアイペイントドールです。「これからも男性ドール中心に「イイ男」を目指して作っていきます！」三重県楠町・カリヤさん

「以前撮ったジル・スチュアートジェニーの写真にごく簡単なCG効果を入れてみました。4-Dというちょっと昔のバンドの楽曲『雷鳥』のイメージです。」横浜市・小石原直子さん

次号Vol.4（04年春発売予定）の投稿を募集します！　あなたもお気に入りのお人形を披露しませんか？　巻末の封筒等でお人形のお写真・お便りをお寄せください。詳しい募集要項についても巻末を御参照ください。

読者の皆様より
「Vol・2 ブライスと新世代ファッションドール特集」
「Dolly*Dolly Vol.2」にたくさんのおたよりやご感想、ご意見を頂きました。ありがとうございます。その中から、一部をご紹介させて頂いております。全てにお返事が差し上げられず、申しわけありません。(すべて拝読させて頂いております。)

ざいます。

♥お人形の世界ってほんとうに夢があってどこまでも広がっていきますね。小さい頃から人形が欲しくて、でも買ってもらえないまま、娘がジェニー(中古)をもらってきて、それで楽しい夢が叶った気分で私が喜んでました。今はブライスに夢中です。ブライス関係の服や型紙が増えるととてもうれしいです。すてきな本を出版してくださってありがとうございました。
(大阪市・ちぃさん 42才)

♥こちらこそ、ありがとうございます。すごい人形の世界。もしかして人間世界と同じぐらい、お人形の世界は広いのですが、それが女の子には何よりも大事なものなんて、ロマンチックな存在ですね。今回もブライスのお洋服をたくさん作って頂きましたが、今回も、お気に召すものはありましたか?

♥「何でも1/6化計画」の特集はとてもおもしろかったです。写真を撮る時に小物が欲しいっていつも思っていて、1/6に合う小物がさがしているのですが、こんな物もあったのか!! と目からウロコ状態になったように、その子の世界に入り込んでしまう気がしますね。そんな時、お写真を撮るのに入り込めるかもしれませんね【今度試してみます】春美さんも面白い小物見つけたら、是非お人形と写真撮って『Dolly*Dolly』に送ってくださいね。
(山形県・春美さん 25才)

精巧に出来た、スケールの合う小物と一緒にお人形と遊ぶと、自分も同じサイズになったように思えるんです。お人形と写真を撮るのが楽しいですよね。さっそく探してみます。
(三重県・Kazukiさん 22才)

♥ベッツィーかわいいですよね。「Dolly*Dolly」Vol.2では多数ヴィンテージやタイニーをお借りして撮影させて頂きましたが、スペースの都合でお写真が小さくなってしまいました。いかがでしょうか…。「もっとベッツィーのミニ特集が見たい」というお声を多数頂き、今回ベッツィーが見たい!というのはいかがでしょうか…。トナー社の本国アメリカでベッツィーが大人気で、品切れ状態だそうです。この年末からベッツィーを扱い、各お人形ショップ、量販店などで購入できるようになるそうです。来年のラインナップも楽しみですね。ご意見ありがとうございます。

♥ドールのデータ(値段や大きさなど)が細かく載っているのがよかった。最近、ベッツィー・マッコールを知り一目で好きになったのですが、あまり情報がないので、これからも様々なドールの特集をしてほしいです。
(三重県・Kazukiさん 22才)

♥人形の個々のパーツを扱っているお店を紹介して欲しい。40年前の人形、抜毛が多く人形用のウィッグを探してます。体長50cm弱なので大きいサイズの取扱店教えて下さい!!
(宮城県・mironさん 46才)

ボークスさんのショウルームでは、スーパードルフィー用のウィッグなどを販売されています。また、みくにビスクドールさんでは、アンティークドール風の子に似合う外国製のウィッグを取り扱われています。ネットショップでも、お人形用のウィッグやドールサプライさんで販売されています。どのようなお人形であるかにもよりますので漠然としたお答えになってしまいます。

♥型紙が実寸大サイズのものだと大変嬉しいです。今回は全てではありませんが、一部を実物大の型紙にしました。コピー間違えるととても大変になってしまいます。
(神奈川県・190さん 33才)

ご要望にお答えして、今回は一部を実物大の型紙にしました。ただ、多数の型紙を掲載しますと、大きなスペースを占有してしまいます。逆に、「型紙は不要なので価格を下げてほしい」とおっしゃる読者の方もおおいです。その中で、できるだけお安く、情報も型紙も多く掲載できるような形にしております。ご理解を頂けますと幸いです。今後もよりよい方法を探していきたいと思います。

♥こんにちは。「ちょっと変わったタイプ」とおっしゃる気持ち、わかります。筆者も最初に「This is BLYTHE」でブライスを見たときは、あまりブライスを抱かれていなかったので、みれのドールとしてショックを受けました。でも、友人のブライスを本当に最初にデザインした人に思いを馳せます。
(新潟県・小紅さん 33才)

「Dolly*Dolly Vol.2」待ってました〜!! ブライス特集で、なおかつ「ブライスでフォトゥー」なおかつ入手困難みたい。私も先月、ブライスフォトゥーを買いました。(これが初ブライスです。(汗)届く)というのが楽しみです。

♥私はブライスが好きというきっかけで買わせていただきました。今までせまい範囲でしか見ていなかったDOLL達の魅力を知る機会を与えてくれました。(でもやっぱり一番はブライスですが…)感謝♪です。そして、この本の内容の充実さに大満足になりました。ブライスの魅力満載で、更に内容の奥深さ、もっとステキなDOLL達がいる事を知る機会を与えてくれました。ありがとうございます。お写真を送っていらっしゃいますね嬉しいお人形ライフを送っていらっしゃいますね。楽しいお人形ライフを。
(福島県・mahoさん 28才)

おたよりありがとうございます。写真の中のお人形が小さくてすみません。ブライスのファッションショーのお写真の展覧会で、新たに撮影し直したものを今回掲載しました。あれらのブライスたちは2004年にチャリティーオークションに出されるそうですので、その時ジーナ・ガランさんがお写真をお撮りになるのでは……と期待しています。

キャンペーン 1000名様にプレゼント！ パジコ特製の宇野亜喜良氏のお人形の2004年カレンダーが1000名様にもらえます。
応募方法：官製ハガキにパジコの粘土商品またはドールヘアー商品についているバーコード　1枚を貼り、住所、氏名、年令、職業を明記の上、下記までお送りください。締切：2003年12月末日、2004年1月末日　〒153-0043東京都目黒区東山3-2-4　株式会社パジコ「カレンダー」係　Tel.03-3710-3011(代)
http://www.padico.co.jp

Hello Dolly!

イラスト・文：水玉 螢之丞（みずたま けいのじょう）
バービーと同い年のリカちゃんの誕生日生まれ。ちっちゃいものの全般好き。ハロウィーンやクリスマス用のオーナメントは、ドールの小道具に使えそうなものが多くて、秋から冬は浅草橋やかっぱ橋をうろうろするのが楽しいっす。もはや東急ハンズでは飽き足らないカラダになっちゃってるってのは、ちょっと問題かもですね。

ハロー、ドーリー！ 第2回

最近水玉さんの気になっているお人形情報と楽しいお人形遊びプラン♡

高さ3cm。このラインがかわいい。

木彫りの置き物は、アジアン雑貨屋さんにいろいろあり。オンラインショップも多いから探してみてくだされ。バリ島ものだと鉄製のカエルも多いっスよね。

バリ島のブタ。コンパクトドール（スプレー塗料にぴったりサイズ。スプレー塗料でぷしーっと単色にペイントしてど〜ぞ。

コレはレジン製のアクセサリー・ホルダー。パステル調で色もいろいろ揃ってる。

↑高さ7cm。ゴハン皿がセットになってるのが苦笑いな感じ

あとはヨーロッパ・アンティークのお店にあるような「天使像」とかも使えそう。公園とかの噴水広場、みたいなかんじでとか。

コイン投入口のなくてもOK。

コイン投入口・ケシゴム＋ナイフだったかっ、ケシゴムの棒とかで。

タイのチーク材彫りネコ。高さ15.5cm（シッポ含む）。

ベースはてきとうな紙箱で。それっぽくグレーのサーフェイサーをスプレー吹けば、そのまんまコンクリ打ちっ放し風に。

モデルは自作のリセット。ノアド1番ヘッド＆ニューボディ。ほんとはこんなにちゃんとヘアスタイル出来てませんが。
服はブライスのドレスセット「ミッドナイトタワー」のコート＆見えないけどホットパンツ＆ブーツ。手まきつきは西面テープで固定してます。

ところで…

現在 うちのブライスはこのような「阪神タイガース応援仕様」になってます…。

オークションでゲットした手作り服セット

ストラップサイズのメガホン型マスコット

ムリヤリはかせたリカ靴

1:6サイズのトラッキ〜の着ぐるみ欲しいなぁ…むずかしそうだけどね。

赤星選手応援用の赤☆ボード

勝ったるんじゃ〜！ハチマキ

えへへ〜

水性ホビー風合い塗料☆

(株)ニッペホームプロダクツから出てます。こいつか他メーカーのは業務用サイズしかないんですよ。アクリル系で「石目調」5色、「レンガ・テラコッタ調」5色、「アンティーク・メタル調」4色、「しっくい調」3色のバリエーションあり。木や鉄のほか、紙やスチロールにも使えて、筆塗りでOKだからベンリ。スチロールや紙ねんどに「石目調」で墓石も作れちゃうヨ♡

R.I.P.

ヤ、ゴスな人は欲しいかな…と。

コリ性さんはバネとかクランクとか仕込んでほんとに動くようにしてみて、このアヒル（ソフビ製）はちょっと底面のドまん中に穴があるからベンリなんですよ。ラジけりゃOKなんで、銀色メッキの缶（薬キャップとかで適当に。

＊型紙と作り方＊

本文でご紹介したお洋服、小物、お人形の型紙や作り方です。
型紙は縮小になっているので拡大して使用して下さい

毛糸の中でかくれんぼ。
ブティックでおかいもの。

（イチハラサチコ）P.25

【材料】

＊デニムワンピース
デニム地　30センチ×25センチ
オーガンジー　10センチ×25センチ
4コールゴム
スナップ　2組

＊インナーワンピース
綿プリント　40センチ×60センチ
薄手チュール　20センチ×10センチ
オーガンジー　10センチ×10センチ
スナップ　3組
※チュールの代わりにオーガンジーや
ナイロンシャーでもよい。

＊エプロンとチョーカー
牛革　15センチ×15センチ
スナップ　1組
ビーズ　適宜

チョーカー

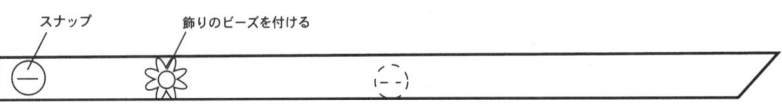

スナップ　　　飾りのビーズを付ける

裁ち切りのまま使用

エプロン

皮のひも（0.5cm×22cm位）を付ける

皮のひも（0.5cm×15cm位）を付ける

切り込みを入れて、
下前を合印まで重ねて
ステッチで押さえる

切り込み

ダーツ

ダーツ

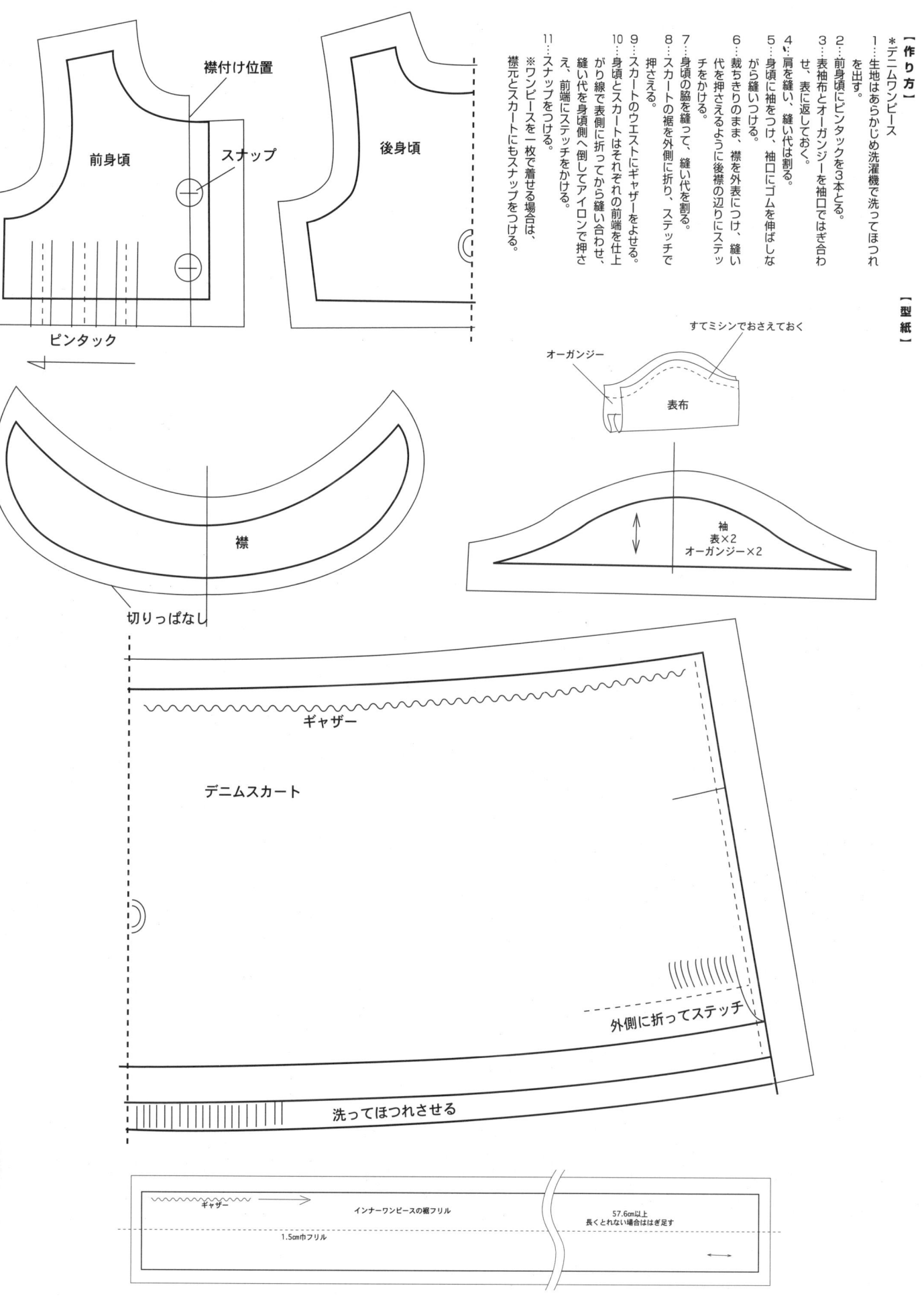

【作り方】
*デニムワンピース

1...生地はあらかじめ洗濯機で洗ってほつれを出す。
2...前身頃にピンタックを3本とる。
3...表袖布とオーガンジーを袖口ではぎ合わせ、表に返しておく。
4...肩を縫い、縫い代は割る。身頃に袖をつけ、袖口にゴムを伸ばしながら縫いつける。
5...身頃に袖をつけ、袖口にゴムを伸ばしながら縫いつける。
6...裁ちきりのまま、襟を外表につけ、縫い代を押さえるように後襟の辺りにステッチをかける。
7...身頃の脇を縫って、縫い代を割る。
8...スカートの裾を外側に折り、ステッチで押さえる。
9...スカートのウエストにギャザーをよせる。
10...身頃とスカートはそれぞれの前端を仕上がり線で表側に折ってから縫い合わせ、縫い代を身頃側へ倒してアイロンで押さえ、前端にステッチをかける。
11...スナップをつける。
※ワンピースを一枚で着せる場合は、襟元とスカートにもスナップをつける。

襟付け位置

前身頃

スナップ

後身頃

ピンタック

襟

切りっぱなし

すてミシンでおさえておく

オーガンジー

表布

袖
表×2
オーガンジー×2

ギャザー

デニムスカート

外側に折ってステッチ

洗ってほつれさせる

ギャザー

インナーワンピースの裾フリル

57.6cm以上
長くとれない場合ははぎ足す

1.5cm巾フリル

※型紙は実物大です。

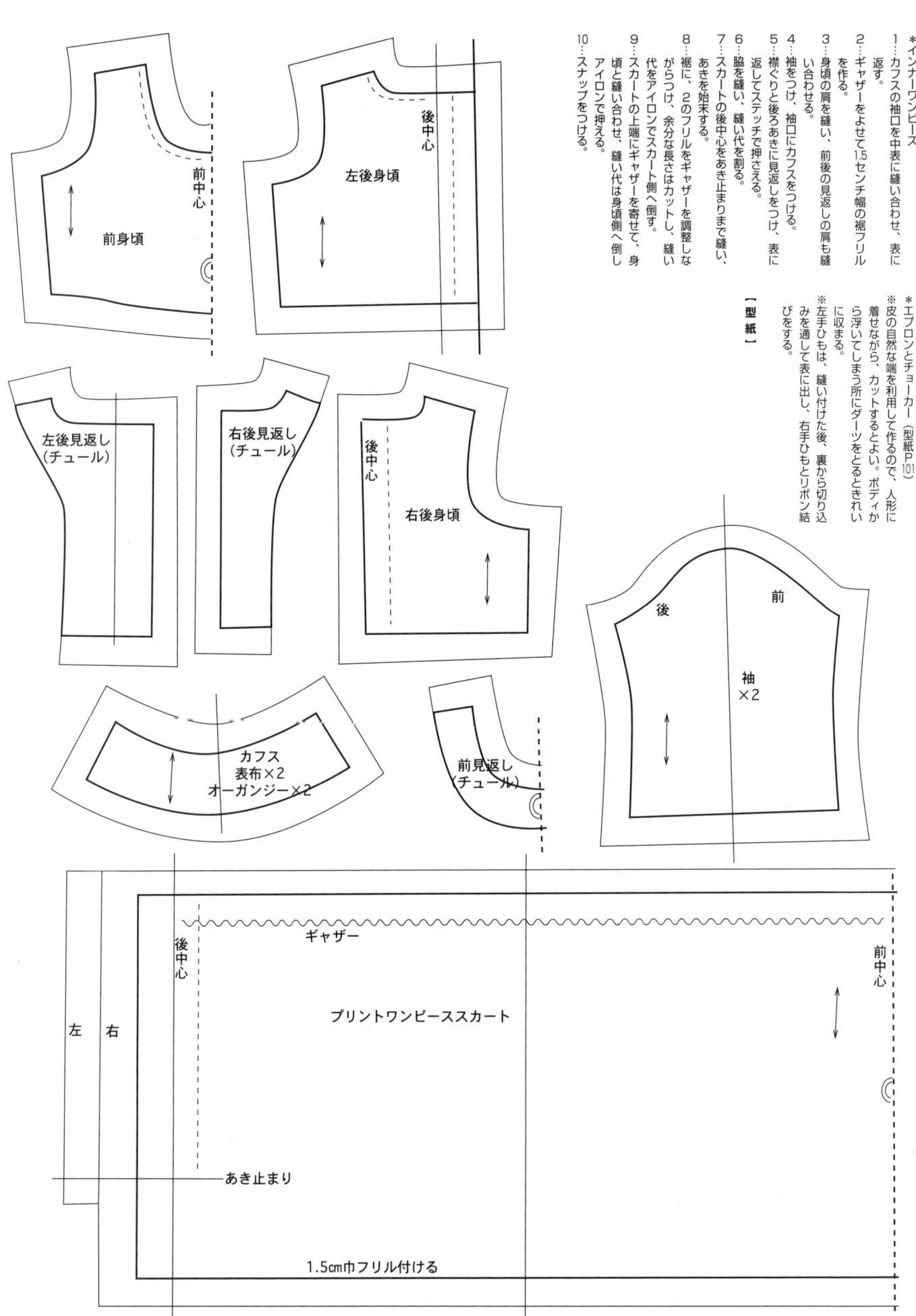

*インナーワンピース
1…カフスの袖口を中表に縫い合わせ、表に返す。
2…ギャザーをよせて1.5センチ幅の裾フリルを作る。
3…身頃の肩を縫い、前後の見返しの肩も縫い合わせる。
4…袖をつけ、袖口にカフスをつける。
5…襟ぐりと後ろあきに見返しをつけ、表に返してステッチで押さえる。
6…脇を縫い、縫い代を割る。
7…スカートの後中心をあき止まりまで縫い、あきを始末する。
8…裾に、2のフリルをギャザーを調整しながらつけ、余分な長さはカットし、縫い代をアイロンでスカート側へ倒す。
9…スカートの上端にギャザーを寄せて、身頃と縫い合わせ、縫い代は身頃側へ倒しアイロンで押える。
10…スナップをつける。

【型紙】

*エプロンとチョーカー（型紙P101）
※皮の自然な端を利用して作るので、人形に着せながら、カットするとよい。ボディから浮いてしまう所にダーツをとるときれいに収まる。
※左手ひもは、縫い付けた後、裏から切り込みを通して表に出し、右手ひもとリボン結びをする。

前中心

前身頃

後中心

左後身頃

左後見返し（チュール）

右後見返し（チュール）

後中心

右後身頃

袖
×2

後　　　前

カフス
表布×2
オーガンジー×2

前見返し（チュール）

ギャザー

プリントワンピーススカート

後中心

左　右

前中心

あき止まり

1.5cm巾フリル付ける

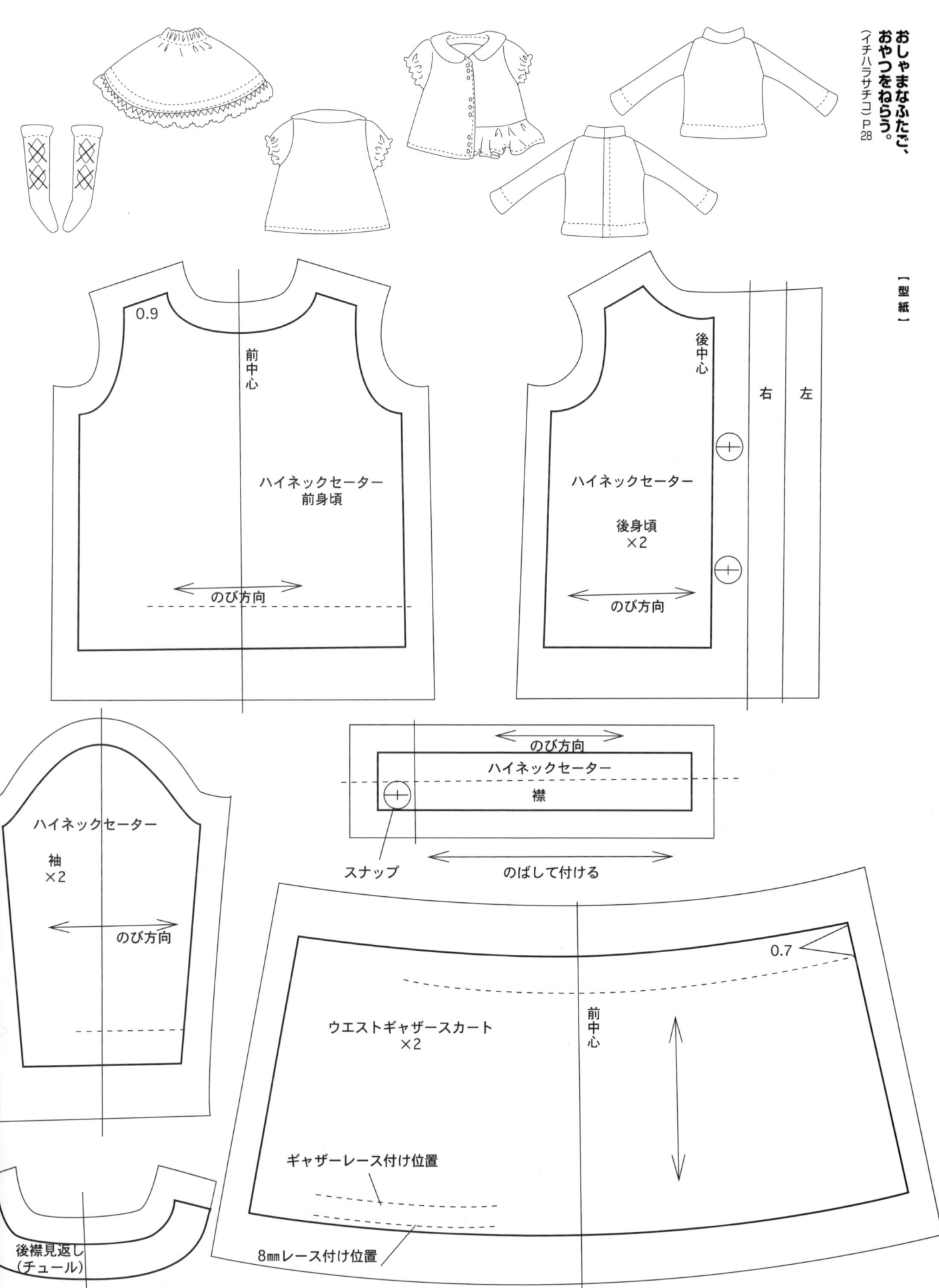

【 型紙 】

0.9

前中心

ハイネックセーター
前身頃

のび方向

後中心

右　左

ハイネックセーター

後身頃
×2

のび方向

のび方向

ハイネックセーター

襟

スナップ

のばして付ける

ハイネックセーター

袖
×2

のび方向

0.7

ウエストギャザースカート
×2

前中心

ギャザーレース付け位置

後襟見返し
（チュール）

8mmレース付け位置

※型紙は実物大です。

*ハイネックセーターとハイソックス
ニット地・オフ白　30センチ×20センチ
スナップ　3組
フリース　4センチ×4センチ
刺繍糸　適宜

*オーバーブラウス
綿無地・白　35センチ×30センチ
薄手チュール　6センチ×3センチ
スナップ　2組
ビーズ　9個
コールゴム

*ギャザースカート
綿プリント　35センチ×30センチ
コールゴム
ギャザーレース（2センチ幅）　30センチ
レース（8ミリ幅）　30センチ
コールゴム

【作り方】

*ハイネックセーターとハイソックス
1…襟布の両端を中表に縫い、表に返す。
2…肩を縫い合わせる。
3…後あきを三つ折りして縫う。
4…襟を伸ばしながら、襟ぐりにつける。
5…袖を付けて、袖口をステッチする。
6…裾からステッチする。
7…脇から袖下を続けて縫い、縫い代は割る。
8…裾を三つ折りしてステッチをかけ、襟と後あきにスナップをつける。
9…はき口のところを二つ折りにし、ステッチで押さえる。
10…中表でつま先まで筒状に縫い、表に返す

*オーバーブラウス
1…襟布を中表に縫って表に返す。
2…身頃の方を縫い合わせる。
3…フリルにギャザーをよせ、左前身頃につけて縫い代を身頃に倒す。
4…襟をつけ、袖口のギャザーをよせ、長めにカットしたゴムを引っ張りながら縫い余分は切る。
5…脇を縫い、縫い代を割る。
6…襟をはさんで見返しをつける。
7…前端から襟ぐりをステッチで押さえる。
8…裾を三つ折りして、ステッチをかける。
9…スナップをつけ、飾りビーズをつける。

*スカート
1…片方の脇を縫い合わせ、縫い代を割る。
2…裾を出来上がりに折り、8ミリ幅レースを裾先に縫いつけ、ギャザーレースを裾から12センチほどのぞくように付けて、縫い代の始末をする。
3…ウエストを二つ折りにして、7ミリの幅のステッチをかけ、ゴムを通す。
4…ゴムを6センチにしぼり、縫い残した脇に縫い止める。
5…脇縫いをする。
※掲載作品は、スカートのボリュームを出すため、同型のスカートを2枚重ねて着用。

【型紙】

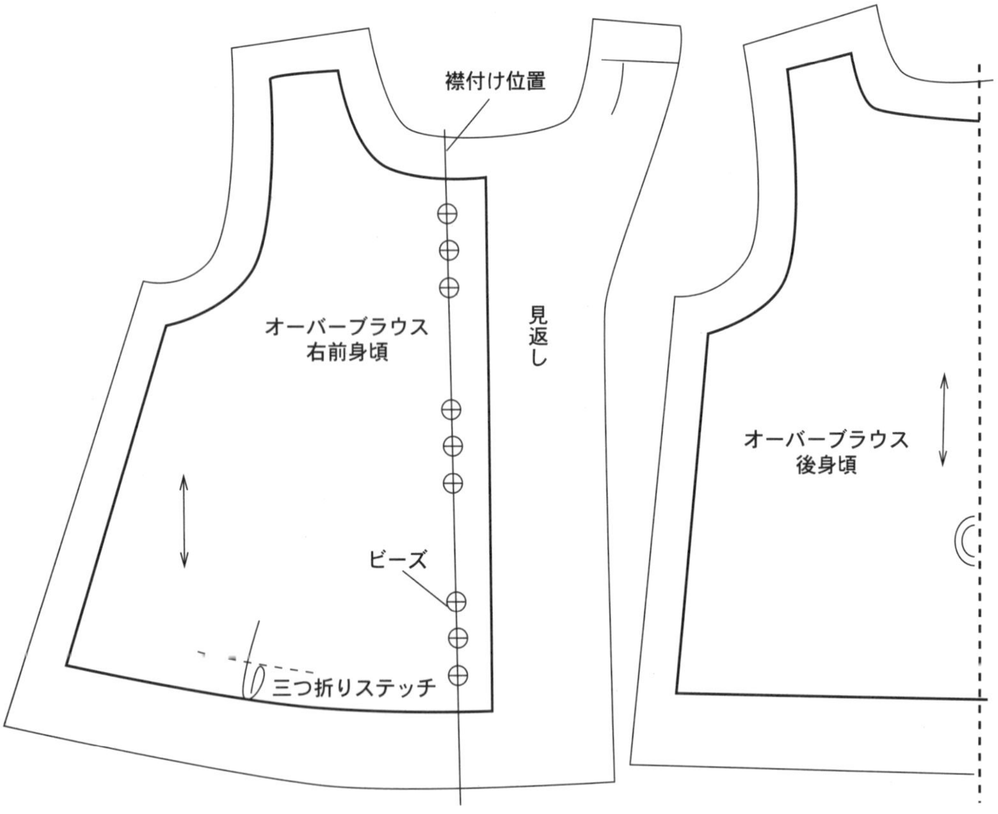

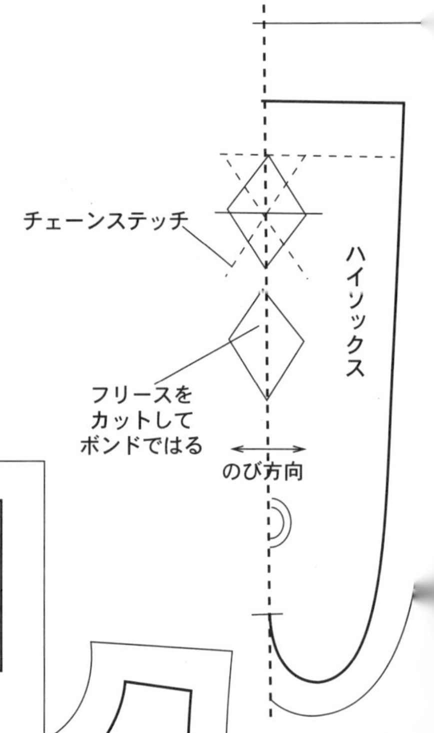

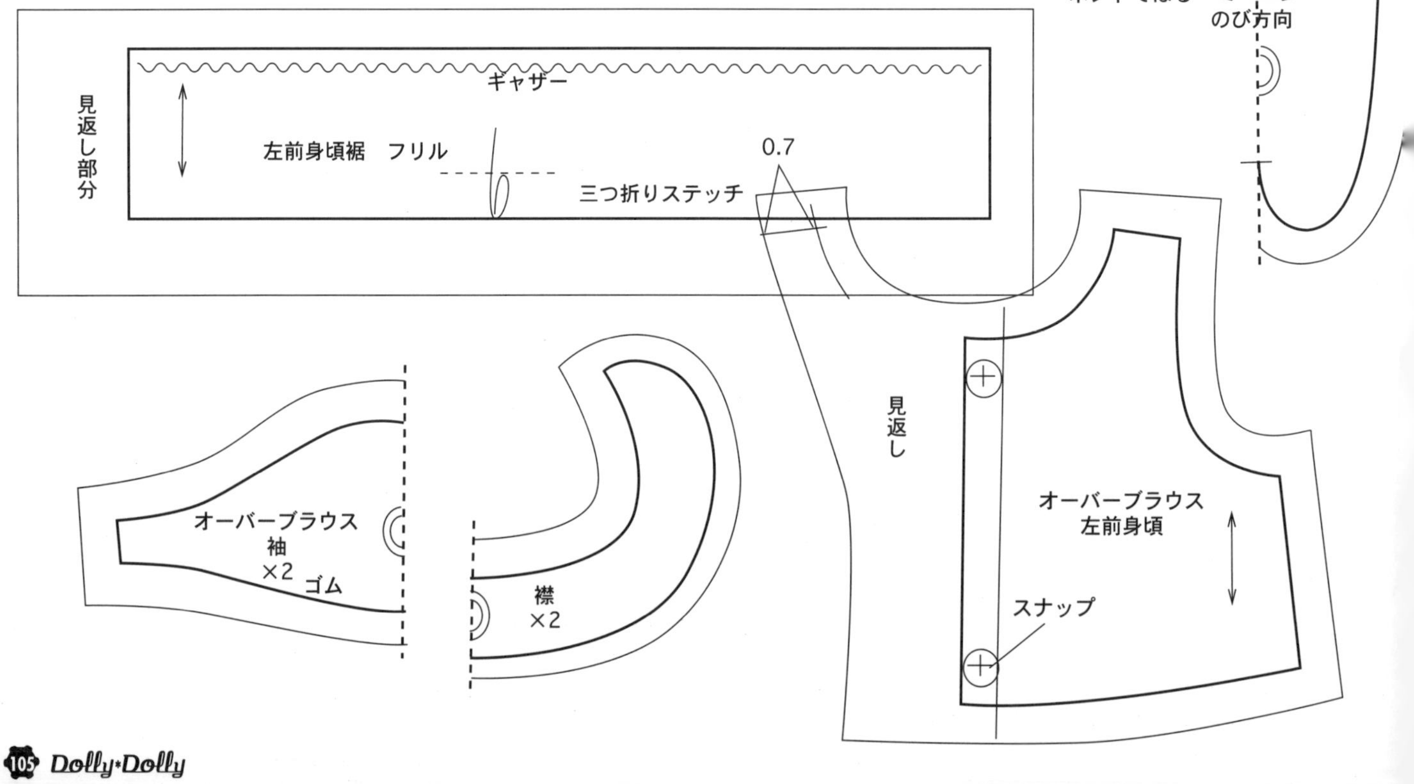

襟付け位置
見返し
オーバーブラウス右前身頃
ビーズ
三つ折りステッチ
オーバーブラウス後身頃
チェーンステッチ
ハイソックス
フリースをカットしてボンドではる
のび方向
見返し部分
ギャザー
左前身頃裾　フリル
三つ折りステッチ
0.7
オーバーブラウス袖×2　ゴム
襟×2
見返し
オーバーブラウス左前身頃
スナップ

ピンクのトランクでおでかけ。

（イチハラサチコ）P30

【材料】

*ワンピース
ウール・ピンク　25センチ×13センチ
合皮・シルバー　15センチ×12センチ
合皮・黒　24センチ×10センチ
エナメル・オレンジ　11センチ×8センチ
スナップ　4組
ボタン　4個

*ショートパンツ
エナメル・オレンジ　24センチ×10センチ
マジックテープ

*撮影用ブーツ
ビニール　20センチ×8センチ
ボンテン（8ミリ径）　2個

【作り方】

*ワンピース
1…襟布の三辺を中表に縫い、表に返す。
2…ベルトを中表に縫って、表に返しステッチする。
3…肩を縫い合わせる。
4…前後身頃に脇布を順に縫い合わせ、縫い代は脇側に倒す。

5…袖を付けて、袖口にステッチする。
6…後ろあきの縫い代は三つ折りしてステッチまたは手でまつる。
7…表襟側を地縫いし、縫い代をはさんで裏側はまつる。
8…胸元の飾りをステッチで止める。
9…脇縫い代にベルトを仮止めする。
10…脇から袖下を続けて縫う。
11…裾を三つ折りしてまつり、後あきにスナップをつけ、飾りボタンをつける。

*ショートパンツ
1…前パンツのダーツを縫う。
2…前股上を縫い、つれるようなら切込みを入れる。
3…後股上をあき止まりまで縫い、左パンツのあきは二つ折りしてステッチをかける。（右パンツは裁ちっぱなし）
4…脇を縫い、裾を折ってステッチする。
5…股下を縫い、裾を折ってステッチする。ウエストを折ってあきにマジックテープを縫いつける。

*撮影用ブーツ
1…靴底を縫って表に返す。
2…前中心を、外表で好きな色の糸で縫う。
3…上端の折り返し部分に、ハンドステッチの飾り縫いをし、縫いどまりにボンテンをつける。

【型紙】

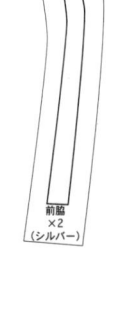
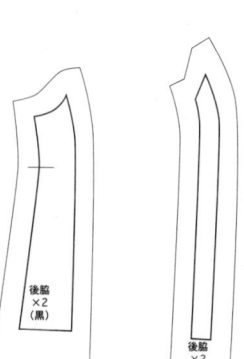
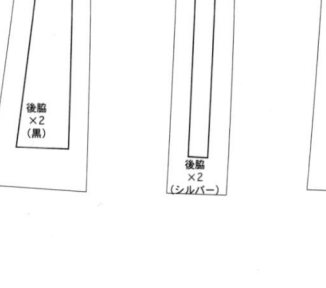

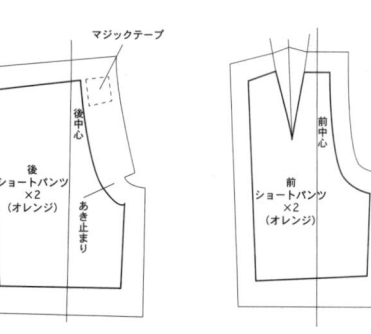
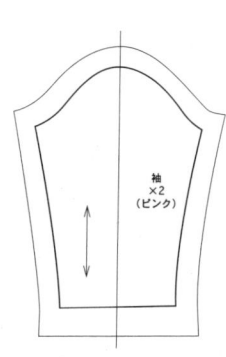
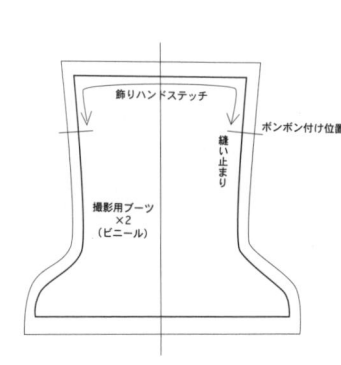

前脇×2（黒）
前脇×2（シルバー）
前身頃（ピンク）　前中心　ベルト付け位置
後脇×2（黒）
後脇×2（シルバー）
後身頃×2（ピンク）　右　左　0.7持ち出し
後ショートパンツ×2（オレンジ）　後中心　あき止まり　マジックテープ
前ショートパンツ×2（オレンジ）　前中心
襟×2（オレンジ）　スナップ
ベルト×4（オレンジ）
飾り（シルバー）
袖×2（ピンク）　前中心
撮影用ブーツ×2（ビニール）　飾りハンドステッチ　ボンボン付け位置　縫い止まり

※型紙は200％に拡大して使用して下さい。

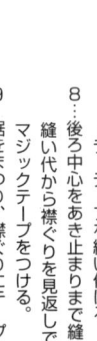

【材料】

＊60's風ワンピース
リンリンガー・白　20センチ×25センチ
薄手チュール　20センチ×15センチ
セーラーテープ（5ミリ幅黒）
テープ（3ミリ幅黒　38センチ
薄手マジックテープ　8センチ

＊アンサンブルジャケット
リンリンガー・白　20センチ×30センチ
薄手チュール　12センチ×15センチ
セーラーテープ（5ミリ幅黒　40センチ
飾りボタン　4個

【作り方】

＊60's風ワンピース
1…身頃のダーツを縫う。
2…肩を縫い、縫い代を割る。
3…スカートにテープを付けて、ウエスト
　にギャザーをよせる。
4…袖ぐりに見返しを付けて、ステッチ
　する。
5…脇を縫い、縫い代を割る。
6…身頃とスカートを縫い合わせ、縫い代を
　身頃側に倒す。

＊アンサンブルジャケット
1…表襟と裏襟を中表に縫い、表に返して、
　土台生地が隠れるように襟先にセーラー
　テープをつける。
2…肩を縫う。
3…袖をつけ、袖口の縫い代を折ってステッチする。
　袖口にセーラーテープをつける。
4…襟をつけ、見返しで前端と襟ぐりの始末
　をしてステッチで押さえる。
5…袖下から脇を縫って、縫い代はアイロン
　で割る。
6…裾をまつり、飾りボタンをつける。

7～10センチほどあまらせて、ウエストにセ
　ーラーテープを縫い付ける。
8…後ろ中心からあき止まりまで縫い、あきの
　縫い代から襟ぐりを見返しで処理して、
　マジックテープをまつりつける。
9…裾をまつり、襟ぐりにテープをまつりつ
　ける。
10…ウエストでリボン結びを作り、点止めす
　る。長さは好みでカットし、ほつれ止め
　をする。
※作品は肩パット用マジックテープを使
　用。

【型紙】

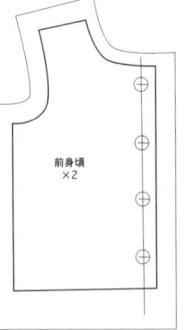

前身頃
×2

後身頃

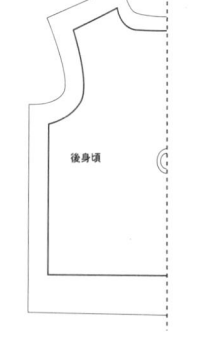

前身頃

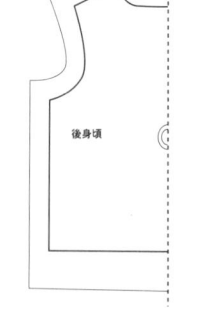

後身頃
×2

右　左

10cm（リボン結びにしてカットする）

襟の土台生地が
かくれるように
テープをたたく

襟
表布×1
チュール×1

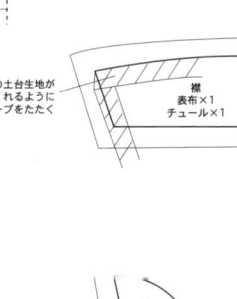

前

後

袖ぐり
見返し
×2
（チュール）

0.3

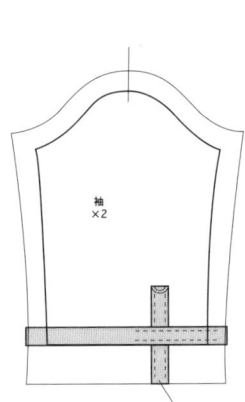

袖
×2

5mmテープ付ける

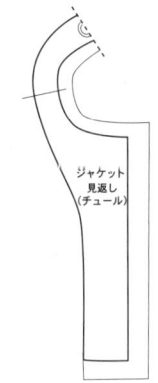

ジャケット
見返し
（チュール）

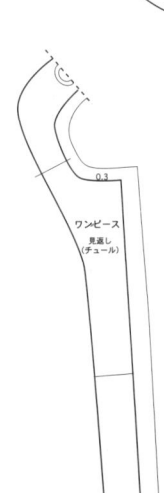

0.3

ワンピース
見返し
（チュール）

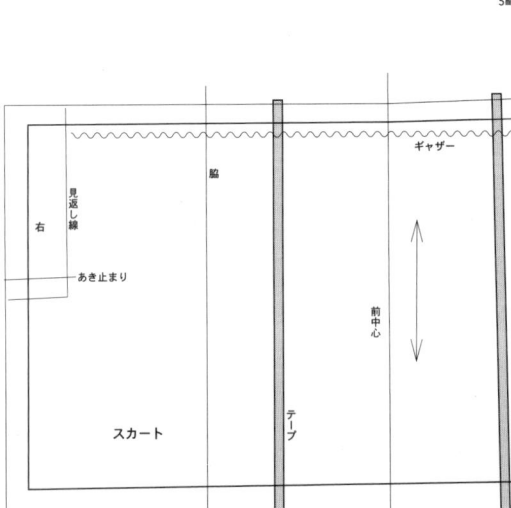

見返し線

右

あき止まり

脇

ギャザー

前中心

脇

見返し線

あき止まり

0.7
持ち出し

スカート

テープ

テープ

※型紙は200％に拡大して使用して下さい。

秘密のおしゃべり。ジオメトリック柄のトップスと
スカートのセット
（イチハラサチコ）P31

【作り方】
＊ホルターネックTシャツ
1…肩を縫い、縫い代を後身頃側に倒す。
2…袖をつけ、縫い代は後身側に倒す。袖口はステッチをかける。
3…襟布を二つに折り、アイロンをかけ、少し伸ばし気味に襟ぐりにつける。
4…後中心をあき止まりまで縫い、あきの縫い代は三つ折りにしてまつりつけ、スナップをつける。
5…袖下、脇を続けて縫う。
6…裾は二つ折りにしてステッチをかける。
※ミシンの上糸はレジロン、下糸はウーリー糸を使用。

＊巻きスカート
1…表・裏スカートともダーツを縫う。
2…表・裏スカートそれぞれの脇を縫い、縫い代を割る。
3…返し口を残して表・裏スカートを中表にぐるりと縫う。
4…返し口から表に返してアイロンで押さえ、返し口をまつり、前端にスナップをつける。
5…内側のスナップは人形に着せてから、生地の厚みによって調整しながら位置を決めてつける。上前スカートは、少しめくって綴じ付ける。

＊タイツ
1…かかとのダーツを縫い、前後の股上をそれぞれ縫う。
2…脇から股下を続けて縫い、片方の脇を5センチほど縫い残す。
3…ゴムを伸ばしながら、ウエストに縫いつけ、脇の縫い残しを縫う。
※タイツは生地の違いや、ほんの少しの縫い加減でゆるみが生じるので、試し縫いをすることをお勧めします。
※縦横共に伸びる生地を使用し、すべて伸ばし気味に縫うと、糸切れなどを防げます。

【材料】
＊ホルターネックTシャツ
2ウェイ・プリント 25センチ×15センチ
カットソー・黒 20センチ×15センチ
スナップ 3組

＊巻きスカート
表布（厚地）・黒 35センチ×13センチ
裏布（ベビーソフト）・オフ白 35センチ×13センチ
スナップ 2組

＊タイツ
2ウェイ・プリント 25センチ×23センチ
4コールゴム
※作品は、オリジナルプリント地を使用。

【型紙】

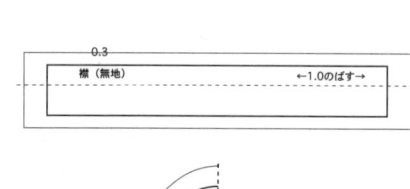

0.3
襟（無地）　　　　　　　　　　←1.0のばす→

少し縫い残して
④

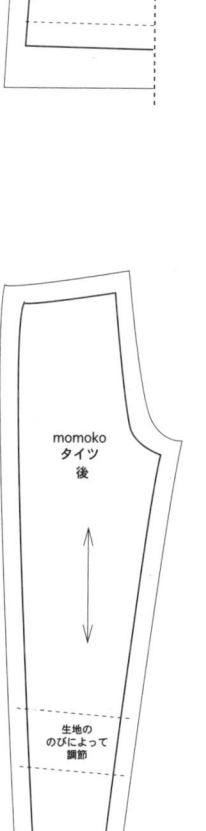

momoko
タイツ
後

生地の
のびによって
調節

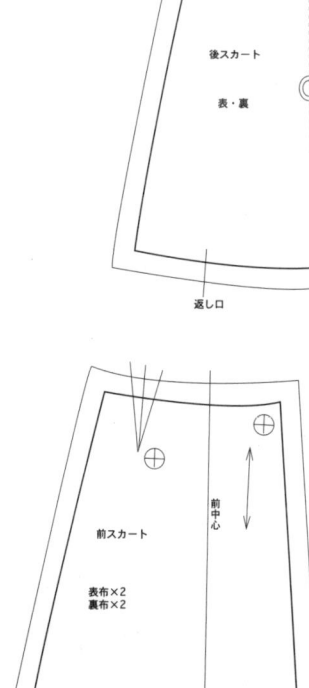

前
（プリント）

0.3

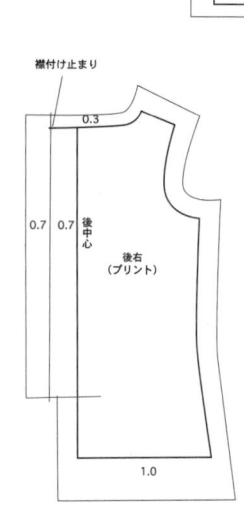

後スカート
表・裏

返し口

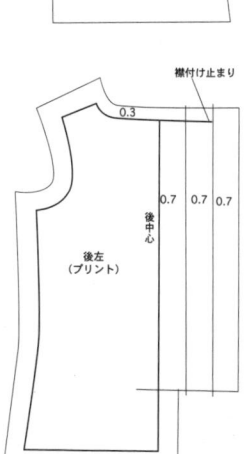

前スカート
表布×2
裏布×2

前中心

襟付け止まり

0.3
0.7　0.7
後中心

後右
（プリント）

1.0

袖
×2
（無地）

0.7

襟付け止まり

0.3
0.7　0.7　0.7
後中心

後左
（プリント）

1.0

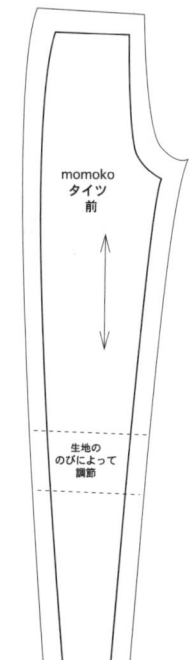

momoko
タイツ
前

生地の
のびによって
調節

※型紙は200%に拡大して使用して下さい。

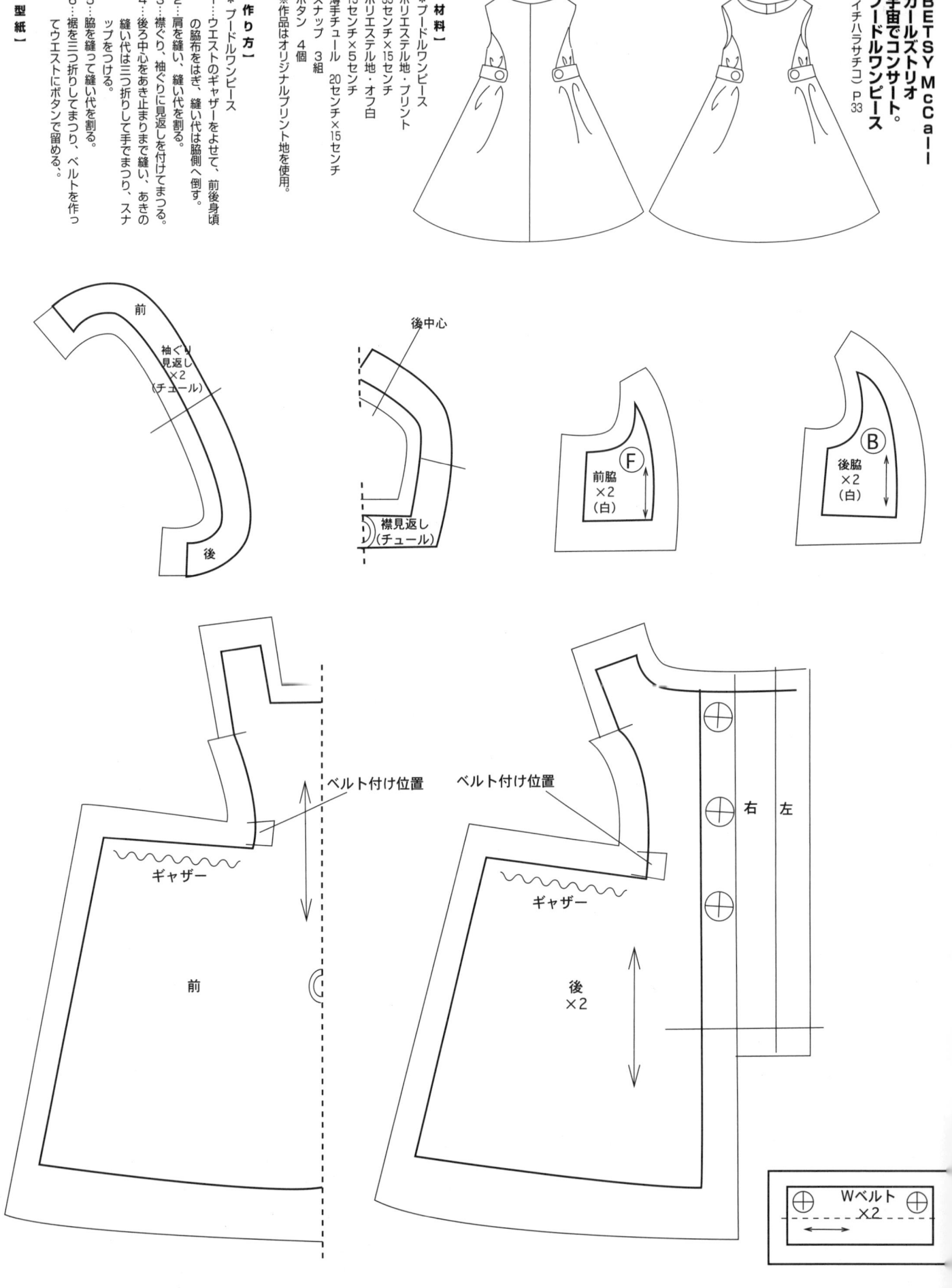

BETSY McCall ガールズトリオ
宇宙でコンサート。プードルワンピース
（イチハラサチコ）P 33

【材料】
＊プードルワンピース
ポリエステル地・プリント
35センチ×15センチ
ポリエステル地・オフ白
15センチ×5センチ
薄手チュール
20センチ×15センチ
ボタン 4個
スナップ 3組
※作品はオリジナルプリント地を使用。

【作り方】
＊プードルワンピース
1…ウエストのギャザーをよせて、前後身頃
の脇布をはぎ、縫い代は脇側へ倒す。
2…肩を縫い、縫い代を割る。
3…襟ぐり、袖ぐりに見返しを付けてまつる。
4…後ろ中心をあき止まりまで縫い、あきの
縫い代は三つ折りして手でまつり、スナ
ップをつける。
5…脇を縫って縫い代を割る。
6…裾を三つ折りしてまつり、ベルトを作っ
てウエストにボタンで留める。。

【型紙】

前
袖ぐり
見返し
×2
（チュール）
後

後中心
襟見返し
（チュール）

前脇
×2
（白）
Ⓕ

後脇
×2
（白）
Ⓑ

ベルト付け位置
ギャザー
前

ベルト付け位置
ギャザー
後
×2
右　左

Wベルト
×2

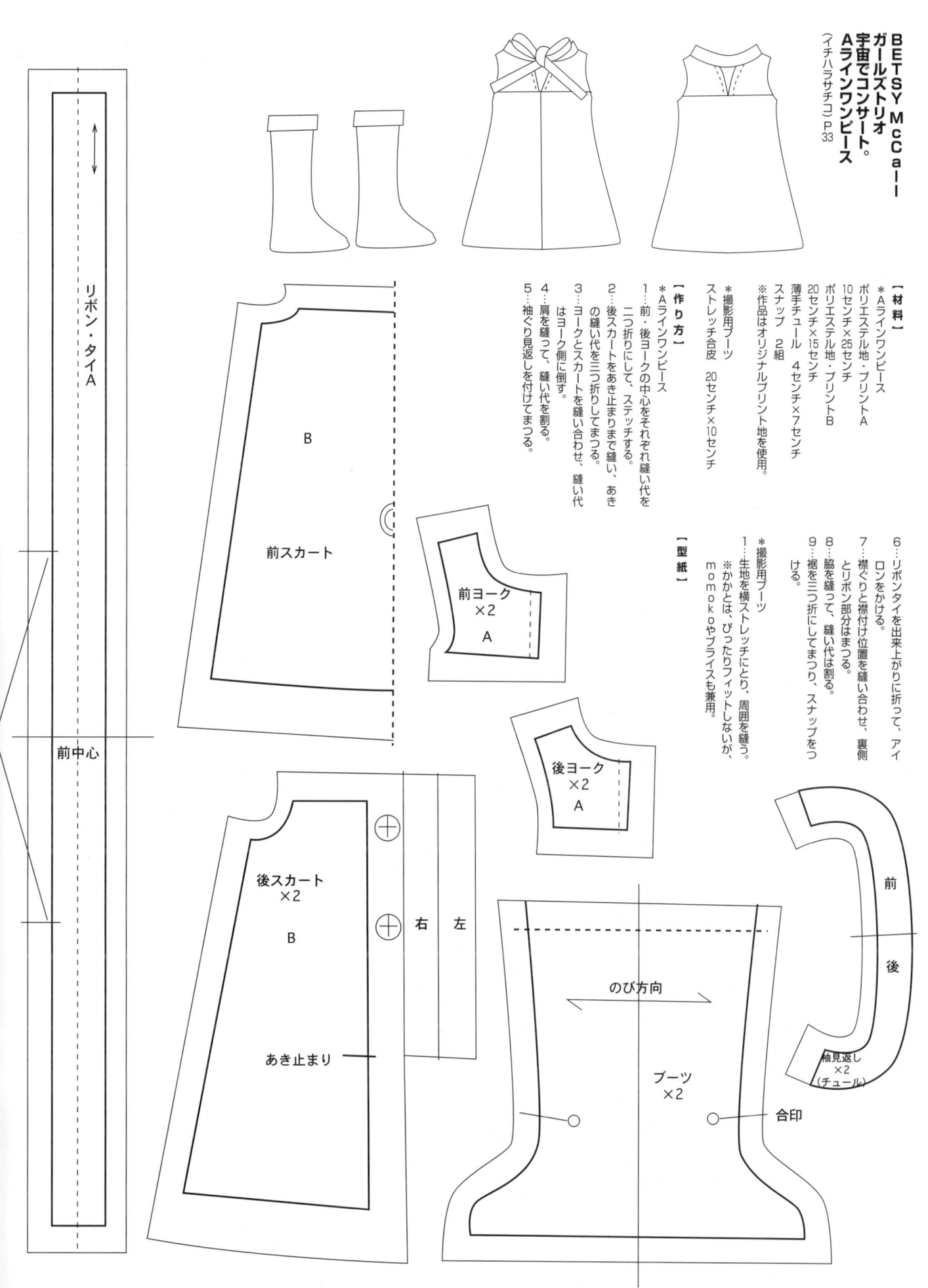

【材料】

*Aラインワンピース

ポリエステル地・プリントA
10センチ×25センチ
ポリエステル地・プリントB
20センチ×15センチ
薄手チュール 4センチ×7センチ
スナップ 2組

※作品はオリジナルプリント地を使用。

*撮影用ブーツ
ストレッチ合皮 20センチ×10センチ

【作り方】

*Aラインワンピース

1…前・後ヨークの中心をそれぞれ縫い代を
二つ折りにして、ステッチする。
2…後スカートをあき止まりまで縫い、あき
の縫い代を三つ折りしてまつる。
3…ヨークとスカートを縫い合わせ、縫い代
はヨーク側に倒す。
4…肩を縫って、縫い代を割る。
5…袖ぐり見返しを付けてまつる。

6…リボンタイを出来上がりに折って、アイ
ロンをかける。
7…襟ぐりと襟付け位置を縫い合わせ、裏側
とリボン部分はまつる。
8…脇を縫って、縫い代は割る。
9…裾を三つ折りにしてまつり、スナップをつ
ける。

【型紙】

*撮影用ブーツ
1…生地を横ストレッチにとり、周囲を縫う。
※かかとは、ぴったりフィットしないが、
momokoやブライスも兼用。

リボン・タイA

前中心

B

前スカート

前ヨーク
×2
A

後ヨーク
×2
A

後スカート
×2

B

あき止まり

右 左

のび方向

ブーツ
×2

前

後

袖見返し
×2
（チュール）

合印

※型紙は実物大です。

BETSY McCall ガールズトリオ 宇宙でコンサート。フリルワンピース

（イチハラサチコ）

【材料】
＊フリルワンピース
ポリエステル地・プリント
18センチ×40センチ
薄手チュール 12センチ×12センチ
スナップ 1組
別布 少々
ビーズ適宜
※作品はオリジナルプリント地を使用。

【作り方】
＊フリルワンピース
1…あらかじめフリル布を二つに折り、5ミリ、1センチの幅のにギャザーをよせて、5ミリ幅のフリルを作っておく。
2…肩ひもを折り、アイロンをかけて、まつっておく。
3…右後身頃と前身頃Aの脇を縫い合わせ、縫い代を割る。
4…3の胸元に5ミリ幅フリルを見返しではさんで縫い付ける。
5…前身頃Aの下にBを重ね合わせ、図のように中央部分は少し控えて、縫い合わせる。
6…左後身頃の脇と縫い合わせ、縫い代を割る。
7…Bの胸元に5ミリ幅フリルを挟んで見返しをつける。
8…5の縫い残しを縫う。
9…裾に1センチ幅のフリルをつけ、チュールで縫い代をくるみ止める。
10…後中心をあき止まりまで縫い、あきの縫い代を三つ折りしてまつり、スナップをつける。
11…肩ひもを手でまつりつける。
12…共布（フリルの残りなど）を、縫い縮めて花モチーフを作り、中心にビーズなどをあしらう。色のきれいなはぎれを細くカットしたものをランダムにつけコサージュにして、右胸に綴じ付ける。（製図なし）

【型紙】

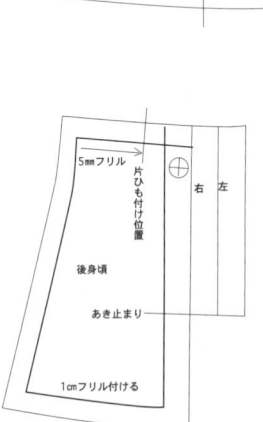
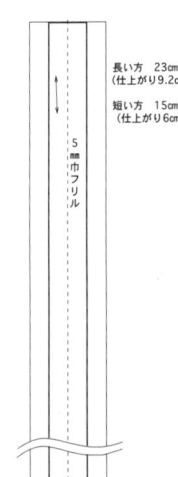
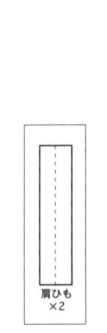
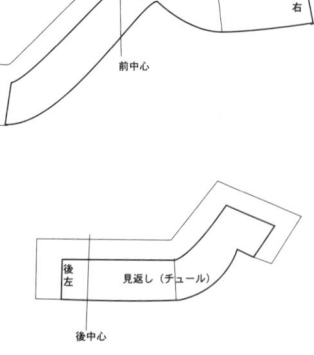

5㎜フリル

5㎜フリル B 左

前中心 右 左 前身頃 Ⓐ 1㎝フリル付ける

⑤

見返し（チュール） 後右 前中心
後左 見返し（チュール） 後中心

長い方 23㎝位（仕上がり9.2㎝）
短い方 15㎝位（仕上がり6㎝）

5㎝巾フリル

肩ひも ×2

5㎜フリル 片ひも付け位置 右 左
後身頃 あき止まり 1㎝フリル付ける

2.5倍ギャザー 37.5㎝（仕上がり15㎝） 1㎝フリル

ちびちびシックスティーズ（男の子）（女の子）

（RIN）P47

【作り方】

＊女の子Aラインワンピース

1…襟ぐりに切りこみを入れ、出来上がり線に折りステッチで押さえる。

2…袖口を折って縫い、袖山にギャザーを寄せて身頃に袖を付ける。

3…袖下、脇を続けて縫い、縫い代を割る。

4…後あきから切りこみを入れて表に返す。

5…スナップをつける。

＊手袋

1…4センチ幅に裁った生地の上端5ミリを折って布用ボンドで止める。

2…半分に折り、型紙どおりに印を付けて縫い合わせる。ただし、親指の先は返し縫をせずに結びにする。

3…縫い代2ミリを残して縫い目の回りを裁ち、表に返す。

＊ベストとパンツ

1…ベスト身頃の表布と裏布を中表に合わせ、脇と後身頃の返し口を残して右前裾から後前裾まで続けて縫い、袖ぐりも縫う。

2…返し口から表に返して、返し口をまつる。（布用ボンドで貼りつけても良い。）

3…脇を中表に縫い合わせる。

4…飾りボタンを表につけ、裏にスナップをつける。

5…パンツは裾の縫い代を裏に折り、7ミリのところで縫い、5ミリのところで表に折り上げダブルにする。

6…前股上を縫い合わせ、縫い代を割る。

7…ウエストの縫い代を折り、7ミリ幅でステッチしてゴムを通し、後股上を縫う。

8…股下を縫い、表に返す。
※スナップはすべて5ミリ、糸は90番を使用。

＊男の子シャツ

1…袖口を表側に三つ折し、ステッチをかける。

2…袖山にギャザーをよせ、身頃に袖を縫いつける。

3…襟先を中表に縫い、表に返す。

4…襟ぐりの縫い代に切りこみを入れて3の襟を縫いつけ、表から押さえ縫いをする。

5…袖下から脇まで続けて縫い、縫い代に切りこみを入れて割り、表に返す。

6…前あきから裾を出来上がり線に折ってステッチをかける。

7…図のようにネクタイを作って綴じつけ、スナップをつける。

＊ブーツ

1…6センチ幅に裁った合皮を半分に折り、型紙どおりに印を付けて縫い合わせる。

2…縫い代2ミリを残して縫い目の回りを裁ち、表に返す。

【材料】

＊女の子Aラインワンピース

身頃・プリント地　15センチ×13センチ
袖・白　12センチ×4センチ
スナップ　2組

＊手袋

トリコット・白　8センチ×3センチ

＊ブーツ

合皮・白　12センチ×3.5センチ

＊男の子シャツ

黒　10センチ×25センチ
スナップ　1組

＊ブーツ

トリコット・白　12センチ×3センチ
スナップ　1組

＊ベストとパンツ

ピンク　30センチ×10センチ
裏地布　13センチ×10センチ
飾りボタン　4ミリ　3個
スナップ　2組
ゴムひも　4コール　6センチ

＊ネクタイ

チェック　7.5センチ×5センチ

【型紙】

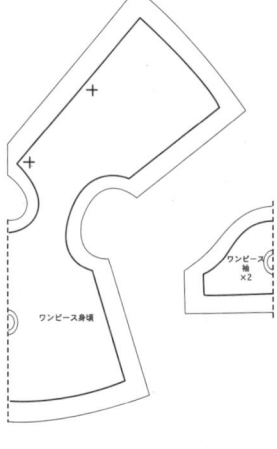

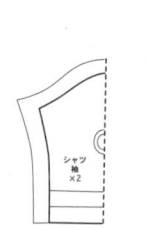

シャツ襟

ワンピース袖
×2

ワンピース身頃

ネクタイ本体
3.5cm×3cm

結び目
2cm×2cm

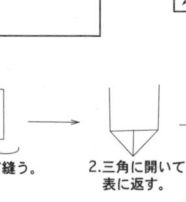

シャツ袖
×2

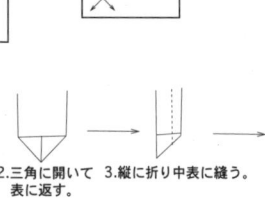

後　前

パンツ
×2

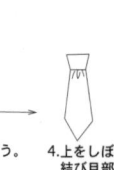

手袋
×2

ブーツ
×2

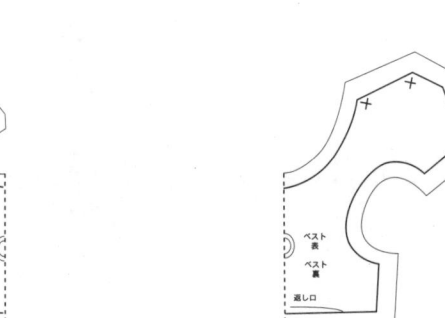

シャツ身頃

ベスト表
ベスト裏
返し口

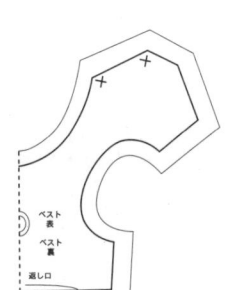

1.横半分折りして縫う。

2.三角に開いて表に返す。

3.縦に折り中表に縫う。

4.上をしぼり別布を結び目部分にかぶせてまつりつける。

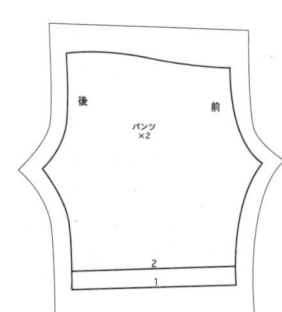

※型紙は200％に拡大して使用して下さい。

遊星オペラ
レグルス（左）／スピカ（右）。SDナナスイートドリーム＋少年ボディです

die Kleine
ミツキ（リカちゃんCLUB限定）の市松ワンピースは体にほどよくフィット。右は高校生リカちゃんです

BLT
懐かしい柄の生地がブライスにお似合いです

Be Free*
リバティプリントが、センシティブなキサラの魅力をより際だたせています

フォービドゥンドール
リカちゃん（3AJボディに変更済み）の防空頭巾もんぺセット

CHLOE（クロエ）
ポーリスの22。ボディ使用、アイペイントを施したボブ猫。帽子のフィット感がいいですね

DDイベントレポート

こちらでは、市販のお人形の洋服やメイク・オーバー・ドールや、創作人形展覧会、その他のお人形イベントの様子をご紹介します。
この秋も多くの愉しいイベントが開かれました。
これから開かれるイベントはP.139でチェックしてくださいね。

2003.8.24
DOLL AVENUE in C3
日本コンベンションセンター（幕張メッセ）
主催・アゾンインターナショナル内ドールアベニュー事務局

ホビー系イベント内の一角にドール関係ディーラーが揃うという初の試みがなされた「ドールアベニュー」。当日に展示・販売されたものの一部をご紹介します。

Teatro Nympha カヤ・キャン創作ビスクドール展

2003.9.20〜28
会場：ドルスバラード銀座店

会場では、球体関節の創作ビスクドールの作品12体が展示販売されました。刺繍やレース遣いが華やかでありながらも抑制的でシックです

深紅の壁を背に佇む、中世ヨーロッパ風の衣裳を纏ったビスクドール達。瞳にやや憂いを帯びた、あでやかな美少女です

Aria-Froliregium
（アリアフロリレジュム）

LW DOLLS
写真のものなどの他、「hard pain」によるタトゥーデカールも販売されました。

ブライスは「ラブミッション」をmomoko Ver.02とお揃いにカスタム。くまのぬいぐるみは立川好江さんの作品です

左の桃子はAM-2、右はカスタムした桃子（Daisy-Dのアウトフィット＋Gekkoによる天然のガーネットのネックレス）

Dolls Drug Kingdom

グラマラス・ミリタリーをキーワードに、クルーズラインをフォレストカラーで展開。ポケットのいろいろな仕様がデザインポイントです

Strawberry Queen

「Princess Sleep」／「Bath time」
「真夜中の宴」をテーマに白でまとめた作品群

まーや＆ぱんだ

「鏡の国から」（白ドレス2人）／「ハーフ＆ハーフ」少女のためのお洋服を中心に制作しています

浅草橋学園制服

「悪徳学園制服」。人形はボークスNEW-EB、OBITSUボディ＋タカラヘッドなど

和気あいあいとした雰囲気が魅力のドールイベント「アイ・ドール」も、はや10回目の開催。今回も個性的なディーラーが集いました。

はりねず

ミニSD美加「ビードロ」。SD並の存在感がある子をめざしてカスタムしたものです

MILK CROWN

「HALLOWEEN.TOWN」。揚羽（SDサラ）＆うらら（巫女のの）ハロウィンらしく、コウモリやクモの巣をモチーフに作りました

みたろうはうす

タミーちゃんとジェジェの着替えのお洋服等を扱っていました（青いチェックはオリジナル。赤い着物は手作り）

SDサイズの煙草です

Janne Da Are ～メシア～

「ミゼラブル」。天饒桟敷の奇寝魔猫さんの作品。人形も合わせてGacktメイクにカスタムしています

オランダシシガシラ

シンプルでも雰囲気のあるものを心がけているそう

mod＊3

「秋のハンチング祭り」でした。
「Road Star」（左）／
「WORLD TOUR」（中央）／
「neo flower child」（右）

Room Survice

着せやすくてラインの美しいドレスを目指しているそうです

Baby Blue Eyes

古き良きヨーロッパの素朴さとエスプリが表現されていますね

ユノアとルシス

TARTARUS

ボークスSD13少年「紫月（しづき）」

桜珠

蜜月堂

ウエディングドレス女の子「白雪」／男の子「架星」

カスタムブライスは映画「パイレーツオブカリビアン」のような雰囲気で

 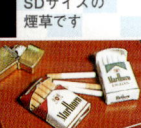 

 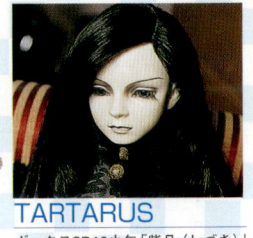

Aristocracy （アリストクラシー）

セシルは人形らしいピュアなイメージを目指しました。クリスはゴシック王子風に

RED OCTOVER&Heavenly doll's

ボークスお教室ヘッド＋13男子Body、ヘッドは螺旋堂・カリン＋ボディ13女子を使用

被衣。（SDめぐ）かわいいお姫様になるようイメージし、昔の子供の着物で作りました

Dominic Blue

ノスタルジアをイメージして作りました。SDの衣装制作、カスタムを中心に活動中の、韓国・日本・アメリカ三ヵ国のコラボレーショングループです

minx dolls&サブレクラブ

ボークス・クラリスのオリジナルペイントヘッドです。モヘアは自作ウィッグのはりつけです。アオザイ娘（左）アゾン04ヘッドにオリジナルアイペイント

fu-yong-do

「今回は"アジア"を意識してみました」。メイク・オーバーです

グラスアイをビスクドール用に交換、ドレスはDolls Drug Kingdomのものをあわせています

日和見工房

あっつん工房

ポップ＆キュートな1/6ドレス。ニットワンピースはほわほわした可愛らしいイメージ。赤いドレスは赤ずきんちゃんin和な感じで

POOYAN TOYS

クールガール、バービー、ブライスを使用。ブライスのカスタムは横山律子さん。ワーキング・サフスも発売中！

LW DOLLS

いろいろな着こなしを楽しめる、重ね着等にも使い回しのきくカジュアル服です

リカちゃんもバロックな貴婦人に！

Fashion People's

リカサイズ版パーティライン。上はあきちゃん、ななみちゃん、きらちゃんです

min min

"かわいらしさ"をいつでも一番に考え、タレント、アニメキャラ、歌手などの表情を研究して表現しました

小公子-SHOKOSHI-

左からアズテックアライバル「白い小物たち（たえさんの作品）」、ディスコブギー「ブランフラワー」、スケートデート「さくら」、ラブミッション「きなこ」です

モモリータ

パンクっぽいディスコブギー（リーゼント。パンクスタイルだとモヒカンみたいです）とラブミッション。どちらもDolly*Dolly vol.1でリカちゃんが着ていた服です

Honey Slash!＋Naoppi-Little Bird

元気でアクティブな子、ちょっとおすましな子とバリエーションを楽しんでもらえるようなドール用アクセサリーとお洋服を作っています

The Dandelion Press
スタンディングベアと仲間たちです

秘密手芸クラブ★少女塾
「少女塾」はDollyDolly Vol.1にも登場の
市川こずえさんが主宰するお人形教室。
塾生さんの手による
ラブリーな文化人形達です

都立産業貿易センター（浜松町）
主催・ドールショウ事務局

2003.11.2
DOLL SHOW 11

ドールイベント最古参のドールショウ。
今回はアゾンインターナショナルのドールイベント
「アゾンドールアリーナ2003」との共催となりました。

Celesta
写真は13SDのセット。
少年服を中心に、
冬用コートセットや手編みの
暖かなニット小物が
揃っていました

a-one-10
麻衣（左）と麻由（右）
二人とも自作デカールです。
ナコルル人形好きが高じて、
同じヘッドに合ったデカールを作り、
新たな表情の人形作りに
挑戦しています

Blue Garbera
miniSD&SD等にもカジュアル系などの服を作っていますが、写真は最近ハマった
プチブライスの可愛いカラフルな普段着です

Jellicle Cats
園児ドールをカスタム、
グラスアイにしてみたものです。
他にはMiniSD等のカスタム物も
展示していました

BCBG-PROJET
「ベルサイユのばら」コスプレSD達。
イメージを徹底して追求したかったので、
アンドレ役はフルチョイスで
オーダーしたSDです

KAZUHA-MADE
リビングデッドドール
「キティ」のリペイントに
自作のゴシック風のドレスを着せました

4Mix
ニット＆細畝コーデュロイを使い、
生地の色などを変えて作った服を着た
ブライス達です

die Kleine
ウール・ニット地のコートや
ワンピース等、
秋冬向けの
カジュアル系新作陣です

三千世界の泡沫
バービーのゴージャスな
ロングドレスの雰囲気に合わせ、
まつげを植えてみました

黒猫亭
キサラ（高島屋オリジナル銀髪＆
リカちゃんキャッスルオリジナル）＋プライス。
これからも自分達が可愛いと思える服を
作ってゆきたいです

M2H
家具から服・小物に至るまで、
1/6ドールのスタイリッシュライフを
プロデュースしています。
1/6サイズの商品カタログも
作成・販売しました

ちゃぶ台工房
お気に入りのプチブライス／ノワ／CD達に
縫ったオリジナルドレスです

Modern Tulip
ジェニーフレンド達と
ボークス剛

MILK CROWN
「MOCOMOCORT set」プードルを
イメージしたもこもこコートです

アトリエ WITH YOU
「秋を奏でる」（左）
「蓬山の花」（右）

POOYAN TOYS
ポリゴンドレス（22cmドール用）：
紙を折って立体を作り、
人形に着せるという、
遊び心で作ってみた紙のワンピースです

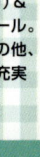

うずら小屋
エリカ、リカ（初代レプリカ）＆
オリジナルカスタマイズドール。
シンプルでキュートなカジュアル服の他、
コーディネートに便利な小物類も充実

2003.9.15～25
齋藤香織人形衣装展
～枯れた白～
CAFE SAPANA

クラシックで上品な甘さのお人形衣装で定評のある齋藤香織さんの展覧会。テーマの「白」はまさに齋藤さんの真骨頂！ スーパードルフィーやミニSD、momokoやオリジナル1/6のお人形など、様々なスケールのお人形が、良質のレースに縁取られた白薔薇のようなコットンの衣装に包まれていました。

幾重にも重なる白い衣装。無垢で聖なるイメージの色だからこそ、着ているお人形の本質を引き立たせるのかも

2003.10.7～19
「リス少女・ニナちゃん」展
ギャラリーアートワッズ

ぬいぐるみとお人形の中間ぐらいの、着せ替えのできる「リス少女・ニナちゃん」とその着せ替え服がいっぱいの谷川里砂さんの個展です。谷川さんは「Dolly*Dolly Vol.1」でも紹介させて頂いた「内藤ルネ展」へ参加したことで、これまでのテディベアなどのぬいぐるみ作りとお人形の技術をあわせた今回の展示を発案しました。イラストレーターの森本美由紀さん制作のニナちゃんたちのミニアニメも会場で公開されました。

森に住むリス少女・ニナちゃんとお友達の仔ぐまのミオ、ウサギのジジ

2003.8.1～20
モモリータはうす
in 大阪
SPLASH&SAMMY

'03年年頭に開催されたモモリータこと小森桃子さんの、「わたしのドールブックNo.11カジュアル&キュート服」の出版記念展が、装い新たに大阪で開かれました。「Dolly*Dolly Vol.2」に製作したコーディネイトや、新作も新たに展示されました。

会場は、ブライスやビーニーベイビーズを販売している大阪・東心斎橋の人気ショップ

2003.4.6
ドールズガーデンin 名古屋

名古屋開催の総合ドールイベントです。一般ディーラーのブースの他、お人形や衣装のコンテスト、オークションなどが開かれました。

主催者が共同で開発している60cmシリコンシームレス人形「Dream Wing」のボディです。第一回発売は'04年2月を予定しています。お問い合わせはMAKE PURE（0593-78-6299・http://dream-wings.web.infoseek.co.jp)まで

コンテストのSD部門の入賞お人形です

お知らせ
第2回ドールズガーデンが2004年2月29日に開催されます。名古屋の方は是非！

2003.10.31～11.11
DAYDREAM
BELIEVER～記憶～
ロゴスギャラリー

靴を脱いで会場内特設の畳敷きコーナーのちゃぶ台でぬりえで遊ぶという、一風変わったお人形展覧会。塗り込むにつれてお人形や「お出かけ服」に囲まれた小さな女の子の頃の記憶がよみがえりました

「ぬりえコンクール賞品 サンプルmomoko」ロゴスギャラリーでの「ぬりえ」に挑戦した方から一名にプレゼントされたサンプルmomokoです（協力 ノアドローム、石毛武男）

「バー子さん momoko」です。やまだないとさんの「コレモキモノ」の専属モデルソーラ・バー子さんは、ないとさんデザインのネットキモノブティック「URESHI-YANUIT」のイメージキャラクターです。momokoの原型師である澤田啓介さんがリペイントと着物仕様手首の改造を担当しました

「『1980』momoko」です。ケラリーノ・サンドロヴィッチ監督の映画「1980」に出演の3姉妹をイメージ。映画の公開に合わせて制作されました。衣装製作はアムンゼンです

お知らせ
DAYDREAM BELIEVER～記憶～全国TOUR
下記会場でも開催されます。
2003.12/9～12/15（ロフト名古屋・5F）
12/18～12/25（梅田ロフト・1F）

ぬりえ作品は会場壁面に展示されました

momoko™©2003 PetWORKs co.,Ltd.

2003.9.6〜9.28
Fun & Fabulous-Blythe in Mode展
VenusFort

2003年6月に行われた、Fun & Fabulous-Blythe in Mode展が、お台場のVenusFortに登場しました。
これまでに発売した全てのブライスドール、プチブライスの展示に、スパイラルで行われたファッションショーの映像を一般初公開しました。これらのドールは来春よりチャリティとしてネットを通じてオークションされます。皆さんもチャリティに参加してみませんか？ 詳しくは来年以降、発表される模様……。

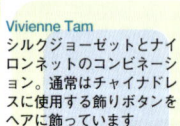

2003年ファッションショーに登場した全てのモデルが統一に。

Vivienne Tam
シルクジョーゼットとナイロンネットのコンビネーション。通常はチャイナドレスに使用する飾りボタンをヘアに飾っています

Mai Crée neo (Wacoal)「Lionne」
ペイズリー模様が大胆な生地をたっぷり使ったスカートにラインストーンとビーズをあしらい、ブラトップで積極的に露出してかわいらしさと華やかさを表現しました

colkïnïkha
「コルキニカ」はデザイナー酒井景都の想像の中の国。社会主義の国で、いくつかの村があり、北に位置して寒いけれど、人々が心温かく暮らしています

ARATA「クラシカルブラック」
ラインストーンのついたニット帽、タックをたっぷり取ったドレススカートで貴婦人のイメージ

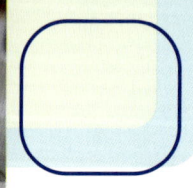

EV by et vous
（右）マルチレインボーのボーダーミニで'60年代モダンガール気分。
（左）ゴージャスでリッチ、でもカジュアルなドレスとファーの組み合わせ

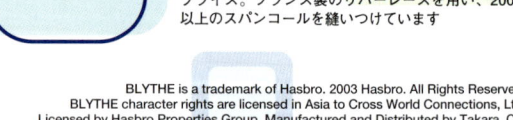

4298 Shizuka Komuro
「White white rosy-白い白い薔薇色-」と名付けられたブライス。フランス製のリバーレースを用い、200個以上のスパンコールを縫いつけています

●ご購入方法
販売方法はメールオークションです。受付期間中に最も高い購入希望価格を提示された各1名様に販売いたします。
巻末のアンケート封筒（コピーでも可）、またはメールにて締め切り日までにお申し込み下さい。落札された方のみにご連絡いたします。
メールの場合、下記の項目をご記入下さい
1.お名前 2.ご住所（〒番号から）3.電話番号 4.ファクス番号 5.e-mail 6.購入希望価格○○○○円
※1.記入漏れのある場合は無効となります ※2.送料弊社負担
お申し込み締め切り 2004年1月10日午前10時必着

●お問合せ先
グラフィック社Dolly*Dolly編集部「DD SHOP」係
102-0073東京都千代田区九段北1-14-17
Fax.03-3263-5297
dolly@graphicsha.co.jp
※書面でのみご対応させて頂きます

②P.7掲載「Goodly Time」タイニー・ベッツィー・マッコール
（LoveSoundによるコーディネイト）
開始価格30,000円

①P.3掲載「humming……」シドニー
（LoveSoundによるコーディネイト）
開始価格50,000円

DD SHOP
「Dolly*Dolly Vol.3」でご紹介した作品を販売いたします。

縄田みのりさん
西洋の雰囲気と和の要素が混在しているのが好き
という縄田さんの作品は「雪の妖精」。爪と歯はオー
ブンクレイ、舌はレジン製。かわいさ、優しさ、
自然を思わせる妖精世界を表現したいとのこと。

柘榴（ザクロ）さん
塔に閉じ込められた『ラプンツェル』のイメージ。
浄瑠璃の人形を意識し、繊細な彩色と艶のある肌
を工夫した実験作。艶と重みのあるストレートの
長髪を表現するために銀糸を使用。

Miuさん
粘土製の少女人形を作っているMiuさんは今回が
展覧会デビュー。今にも泣き出しそうな不安気な
表情が"少女っぽさ"を一層強調しています。

Narutoさん
耽美な少年人形を多数作っているNaruto
さん。今作「ルシファー」は約83cmのビ
スクドール。ディカブリオが演じた「仮
面の男」のルイ14世をイメージ。

Halloween Doll Exhibition

-Alis Lunatis-
2003.10.25-31
会場：ギャラリー 原宿の小さな城

ドール教室「ピグマリオン」で講師も務める
陽月さんと、Narutoさんが発起人となって企
画した、ハロウィーンをテーマにした展覧会。
開催の主旨を伺うと「堅苦しくない、パー
ティー感覚の人形展が開きたかった。テーマを
統一してもそれぞれの個性が発揮できるよう
に注意しました。」とのこと。出展した製作者
の方々は若い方たちばかりですが、みなさん
技術力の高い実力派。お人形への熱い情熱と
巧みな技が光る作品が揃っていました。

写真／加藤文哉

佐藤美穂さん
ピグマリオンで6年間学んだ後、
講師になった佐藤さん。今回は
テーマにそって秋をイメージし
た髪色と瞳のドールを製作。ス
カンジナビア系を彷彿とさせる
すっきりとした顔立ちにシック
な衣装がよく似合っています。

陽月さん
素材は石粉粘土で、目は
自作。一番注意したのは、
仕上げの肌の質感。今ま
での人形よりも怪しい雰
囲気を出せるように努力
したというこの作品。存
在感のあるお人形を作り
たいという思いから生ま
れたそうです。

Ayachit（あやひと）さん
粘土人形を作り始めて2体目の原型を使い、7体を製作。こ
ちらは猫シリーズの「si」（ピンク）と「noi」（黒）。髪はモ
ヘアとラムを使用しています。

120

Make Me A Maid! メイク・ミー・ア・メイド！

〜「メイド服」の魔法とフェティシズム〜

馬頭ちーめい作「メイドさんごっこ」ネオブライス（タカラ）

"神や主君に使える乙女" という語源から、メイドには天使や巫女を想像してしまう。どんな個性も凡庸さも、ストイックで機能的なコスチュームに包まれることで、別次元の特別な、触れ得ざる存在に変化できる。メイド服には、そんな魔法のアイテムのような魅力を感じているのかもしれません.」

91年に漫画家デビューをされた馬頭さん（代表作「BREAK-AGE」）は、お人形のドレスを作り始めて8年。作品を発表する場としてウェブサイト「fata〜妖精工房〜」も運営しています。 http://www.5a.biglobe.ne.jp/ fata/

文：小倉東
写真：小野寺宏友（Studio Deluxe）
塩川渉（工画堂スタジオ）

着せ替え人形……、女の子なら誰でもが夢中になった遊び。一体の人形は、着るもの次第でお姫様になった。トップモデルにも、看護婦さんにも。わずかな布きれで出来た人形用のドレスに、そんな魔法が秘められていたことを、あのとき、子供だった私は気がついていたの? 答えは、あの魔法のためのドレスに、そんな不思議な力が宿っている。着るものには、相手の心によって自分がどんな風に見られているのかを想像することだって楽しいもの。そんな不思議な力が、逆にふさぎ込んでしまうこともよくあること。洋服次第で気分が高揚したり、

そんな魔法が、どんな風に見られているのか、着るものには、相手の心によって、それは、呪物（フェティッシュ）と呼ぶにふさわしい。着るものに、そのもっとも良い例としてあげられるのは、メイド服の可愛らしさといった、憧れるのは、レースの縁飾りのエプロンに、ふくらんだ袖、ちっちゃなお

帽子……。男の子だって、ネコミミのカチューシャのワンピースか、まったく勝ち目がない。きっと彼らは、「はい、ご主人様」なんてしおらしい言葉に焦がれているんだ……。メイド服は確かに「召使い」のためのドレス。従順で口答えもしない、そんな緑属性の象徴なのだから。

メイド服の誕生は、もちろんメイドという女性が登場してきた歴史と重なります。それは19世紀英国、ビクトリア朝時代に始まる。広大な植民地支配を誇る大英帝国の最盛期。産業革命による経済発展は、中産階級層の市民に富をもたらしました。彼らは豊かさの次にステイタスを求め、上流階級を真似て大勢の使用人を雇うことがスノビズムでした。一方、機械化の影響で仕事を失った労働者階級の女性は、安い賃金の労働力としてもてはやされました。こうづき、隣国の風俗が入り込んできたあたりから崩れてみたら、メイド服の魔法は私をいったいどんな自分にしてくれるのでしょう……。

当時のメイド服は、黒か地味な色のワンピースかエプロンドレスといった、常に慎ましいものでした。ビクトリア朝時代の、過度な規律に禁欲的な風潮を反映していたのでしょう。この時代、女性には厳格な慎ましさと貞淑さが求められ、首までボタンを留め、スカートは足首まで。人前には手と顔しか見せてはならないほど。しかし、この抑圧の反動もあってか、ささやかな反動は刺繍襟、ブレードの縁飾り、レースやフリルの愛らしい帽子といったディテールのこだわりに表れています。

さらにボンネットと呼ばれる紐付きの帽子ですっかり隠していたほど。しかし、この厳格で堅苦しい時代も、世紀末が近づき、流行の「フランス」のファッションは、分にしてくれるのでしょう……。

フリルいっぱいの下着を見せようとばかりに短くしたスカートに、胸のふくらみが覗く広く開いた様元でした。それはまさに、私たちが真っ先に思い浮かべるフレンチメイドと呼ばれる、"あの"メイドのスタイルでした。メイド服は、召使いに与えられたお仕事着であり、雇い主への忠誠を尽くさねばならない。その代わりにご主人様は、絶対の庇護と愛情を与える貴を負う……。そんな誓約の証であるメイド服は、男でも女でも、支配される側であれ、どちらを思い描いていようと支配する側であれ、従属するファンタジーをかき立ててくれる側面、奔放な可愛らしさのフレンチメイドと、ストイックなメイド服。もしも着せ替え人形のように着替えてみたら、メイド服の魔法は私をいったいどんな自

タダミサコ作「シンプルに。」／Who's That Girl? まみ（ボークス）

「やわらかな化繊素材を使った、シンプルなメイド服です。キビキビ働くメイドさんをイメージして、機能重視で袖丈・膝丈は短めに。アクセントにレースのエプロンにリボンをつけてみました。」

リカちゃんなどの懐かしいお人形にお洋服を作ったり、小さなお人形にリペイントしたりと、お人形ライフを楽しんでいらっしゃいます。今回はいつものテイストと違って、機能的がゆえに色っぽいメイドさんを表現してもらいました。

Make Me A Maid! COLLECTION

6人の、憧れのメイドたち。
彼女たちもメイド服の魔法に
かかっているのかも……。

● 『小公女セーラ』のベッキー

テレビアニメ『小公女セーラ』に登場する、女学院の下働きをする少女ベッキー。無垢な心と優しさにファンも多い。彼女の働きぶりを見ると、メイド服が仕事着であることがよくわかる。

DVD 世界名作劇場コレクション『小公女セーラ』全11巻／各3800円（税別）／販売元：バンダイビジュアル

© NIPPON ANIMATION CO.,LTD. 1985

● 『小間使の日記』のセレスティーヌ

演じているのは、名女優ジャンヌ・モロー。ストイックなメイド服から伸びた美しい足がとても魅力的。ブルジョワジーの退廃した生活を描いた、鬼才ルイス・ブニュエル監督作品。

DVD 『小間使の日記』／3800円（税別）／発売元：株式会社東北新社

©1950-CANAL+IMAGE INTERNATIONAL

● 『8人の女たち』のルイーズ

名だたる有名女優8人が競演するミュージカル仕立てのサスペンスムービー。中でもひときわ目を惹く、メイド役のエマニュエル・ベアール。メイド服の着方の変化にも注目。

DVD 『8人の女たち』デラックス版／3800円（税別）／発売元：ジェネオンエンタテインメント株式会社

©2003 Geneon Entertainment,INC.

● ミスジェニーフレンド 桜子

トイザらスがオリジナル商品（数量限定）として発売しているジェニーフレンド桜子。2002年に発売のミスジェニー4桜子（メイド服）です。なお、現在は販売終了しています。

● ジェニー コレクターズファッション1 メイド

コレクター向けに細部のディティールにまでこだわった、ジェニーのためのドレスコレクションのシリーズのメイド服。エプロン、服、靴、小物がついてます。

2,500円（税抜）
創作・著作物 ©TAKARA CO.,LTD 2001

● Clea Bella ミルク・メイド・マスカレード

クリスティーナ・ボーガスが作り出したファッションドール「クレア・ベラ」。ミルク・メイド（乳搾り女中）のコスチュームは、19世紀風のバッスルスタイルです。

Bella! Productions ULTD.
1108 Fremont Ave. South Pasadena,
CA 91030 USA
TEL 626-441-4602 FAX 626-441-4681
URL http://www.cleabella.com/

紹介した作品の作り方は、巻末にあります。

恋月姫

の人形万華鏡

写真・文／恋月姫

私はここに来る前からずっと、あなたに出逢える事を知っていました。私はあなたのためにだけ存在するのです。

人形幻想曲

ここに一体の、胸に抱けるほどの大きさの人形がある。幼い人の姿をしてはいるが、透き通るような陶器の肌を持つ少女である。

この人形の奇妙さは、心を宿した少女である。

炎で焼かれる前はただの土塊であったのだが、それが姿を持った時にいつしか命を宿らせたのは、錬金の賜物であったのだろうか。

人形の関節の各部分は、丸い球で繋がっている。

彼女が退屈しのぎに時折奇妙な金属音を響かせて動くたびに、得体の知れない色香を放つポーズで、私の一時を惑わせる。

人間であれば西洋とも東洋とも言い難い顔立ちに、憂いの影を折り込ませ、見るほどに表情を変えてゆくのが不思議である。深い碧色の二つの瞳は私をひとしきり見つめているが、視線は絡まず、いつもかすかに遠く彼方のほうに飛んでいる。

うっすら紅をひいたような口を開けば、時折ちいさな溜め息をつき、少しけだるく歌をうたう。

奇妙なリズムの取り方で、聴いていると軽く目眩がしてくるのだった。深い記憶の底に響かせる声は、不可思議に私の心を捕らえて放さないのだ。

気が付くと、私はずっとこの振動に浸っていたいと思っていた。

この時もうすでに、この人形の蠱惑の罠に掛かっていたのかも知れなかった。

ある日、その人形は私にこう言った。

「私は、私自身を観察する為にこの世に現れたのです。」

その後に、こうも言った。

「私はここに来る前からずっと、あなたに出逢える事を知っていました。私はあなたのためにだけ存在するのです。」

そして時折、普段の翳りを含んだ顔をふいに輝かせて、こんなことも言う。

「私に心が持てるのは、私を愛する者がいるからなのです。だから私はいつでもあなたのお側に居子で、気が向いた時にだけ一方的にこちらに話しかけてくる。

しかし、どうも私の話す言葉は聞き取れない様子で、気が向いた時にだけ一方的にこちらに話し

「私はとても寂しいのです。そしてとても恐ろしいのです。どうして私は人形なのでしょう?」

あまりにも哀しそうなので、なんとか言葉を見つけて彼女を慰めようとすれば、私のその気配を察するだけで何か安心するかのような様子を見せるので、いつもに増してとても愛おしく思えるのだった。

また夜更けには、もどかしい声で私にこう訊いてくる。

なんだか翻弄されているように思えるが、相手が人形なのでそれも愉快だ。そうやって、私は人

また夜更けには、もどかしい声で私にこう訊いているのだが、何か言う毎に、前後の話に一貫性がないので訳が分からない。面白いので話す時を楽しみにし

生の一時をこの人形とともに過ごす事になって
しまった。

いつしか私は、この人形の事について考える
日々を過ごすようになっていった。

人形にとっての興味は、いつも自身にしか向
けられないようであった。この世の全ては自分
以外の何者とも関係がない風情で、唯一この人
形の持ち主である私との微妙にズレたような時
空の関わりの中で、自分の存在そのものを確認
するかのように、密の時間を享受するのである。
その謎の問いかけから察するに、彼女は確実に
私の心を読んでいるのに違いないと思えた。

私は最近ようやく、人形の醸し出すものなのか
らくりに気がついて来たようだ。

私という心を投射する、その鏡に表出する命
題を捉えれば、内なる幻影に捕われるのもまた、
人としての惑いの曇り硝子を持つ我が心であっ
たのだろうか。

プロフィール Profile

人形作家。オールビスクによる球体関節人形を製作。
1983年より人形屋佐吉主催人形展及び海外美術展など
に作品出展。1999年個展「聖なる柩」展を札幌時計台、
「月の柩」展を東京・原宿田園詩ビルにて開催。小説や
詩集、音楽CDの表紙などに多数の人形写真を提供。作
品集に「人形姫・恋月姫」(小学館刊)「震える眼蓋」
(角川書店刊)がある。
ウェブサイト／http://www.koitsukihime-doll.net
作品問い合わせ先／人形屋佐吉

【材料】
タータンチェック　70センチ×5センチ
合皮　10センチ×5センチ
裏布　30センチ×15センチ
ブレード　21センチ
ボタン・スナップ　各2組

【作り方】
＊ジャケット
1…前身頃と前脇布を縫い合わせ、切り込みを入れて縫い代を割る。
2…1と前ペプラムを縫い合わせ、縫い代を下に倒し、押さえ縫いする。
3…後身頃、後脇布、後ペプラムも同様に縫い、縫い代を下に倒し、押さえ縫いする。
4…肩を縫い、縫い代を割る。
5…袖はダーツを縫い、ダーツに切りこみを入れて割り、袖口を折って縫う。
6…身頃と袖を縫い合わせし、いせる。
7…袖山をぐし縫いし、いせる。
8…襟1と襟2を縫い合わせたら、縫い代に切り込みを入れて開く。
9…8をバイアスに粗裁ちした裏布と中表に縫い合わせ、余計な裏布を切って表に返し、アイロンで押さえる。
10…脇から袖を続けて縫う。
11…袖下に切りこみを入れ、縫い代を割る。
12…表に返し裾を折る。
13…袖口を折る。
14…襟ぐりに切りこみを入れ、襟ぐり～前立て～裾～前立て～襟ぐりと続けてステッチで押さえる。
15…スナップとボタンをつける。
※写真のボタンは、王冠形のペンダントヘッドの穴の部分にラインストーンをはめて接着したものを使用。

＊フリルスカート
1…スカートの裾を折って縫う。
2…フリルの上端にロックミシン（ほつれ止め）をする。
3…フリルの裾は断ち切りのまま、2ミリの位置にステッチをかける。
4…スカート幅に合わせてギャザーをよせてフリルを、スカートに縫い付ける。
5…1段目のフリルの上端にロックのミシン目を隠すようにブレードを縫い付ける。
6…後あきを出来上がりに折る。
7…ウエストにギャザーをよせて、ウエストベルトを付ける。
8…後中心を、あき止まりまで縫い、ベルトにスナップをつける。

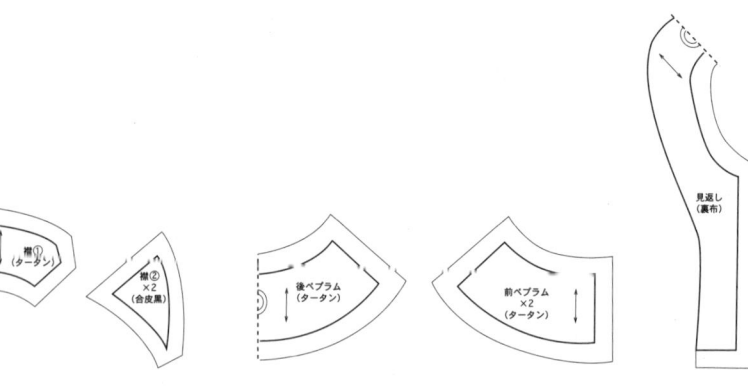

後身頃（タータン）
前身頃 ×2（タータン）
襟① （タータン）
襟② ×2（合皮黒）
後ペプラム（タータン）
前ペプラム ×2（タータン）
見返し（裏布）
後脇 ×2（タータン）
前脇 ×2（タータン）

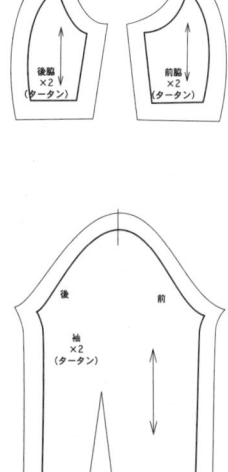

後　前
袖 ×2（タータン）

スカート ×1（タータン）
あき止まり
フリル付け位置

フリル ×2 （タータン）　（41cm×2.5cm）
0.5cm　切りっぱなし

ウエストベルト ×1（タータン）

　※型紙は200%に拡大して使用して下さい。

【材料】
タータンチェック　70センチ×20センチ
合皮　10センチ×5センチ
裏布　30センチ×15センチ
丸カン　6個
9ピン　4本
バックル　5ミリ　2個
ボタン　3個
スナップ　3組

【作り方】
＊ジャケット
1…前身頃のダーツを縫い、外側に倒す。
2…ポケットふたの3辺を出来上がりに折りステッチをかける。身頃に縫いつける。ふたが浮かないよう、一針縫いとめる。
3…後身頃のダーツを縫い、外側に倒す。
4…肩を縫い、縫い代を割る。
5…袖はダーツを縫い、ダーツに切りこみを入れて割り、袖口を折って縫う。
6…袖山をぐし縫いし、いせる。
7…身頃と袖を縫い合わせる。
8…襟1と襟2を縫い合わせたら、縫い代に切れ込みを入れて開く。

9…8をバイアスに粗裁ちした裏地と中表に縫い合わせ、余計な裏布を切って表に返し、アイロンで押さえる。
10…袖下に切りこみをいれ、縫い代を割る。
11…脇から袖を続けて縫う。
12…身頃と見返しをはさんで縫う。
13…襟ぐりに切りこみを入れ、縫い代を割る。
14…表に返し裾を折る。
15…襟ぐりに切りこみを入れ、裾て〜裾〜前立て〜前立てから裾ぐりと続けてステッチで押さえる。
※写真のボタンは、王冠形のペンダントヘッドの穴の部分にラインストーンをはめて接着したものを使用。スナップ2個とボタン3個を使用。

＊七分丈ボンテージパンツ
1…前パンツのポケット口に切りこみを入れて出来上がりに折り、ポケット布と重ねてステッチをかける。
2…前パンツの股上を中表に縫い、縫い代を割る。
3…フラップかけを出来上がりに折り、手芸用ボンドで止める。
4…二つ折りし、前後パンツのフラップかけをはさみ、前後パンツ脇を中表に縫う。
5…脇縫い代は後に倒し、ステッチで押さえる。
6…ウエストベルトをつける。
7…左パンツの見返しを作り、縫う。
8…後ポケットを作り、後パンツに縫い付ける。
9…裾を出来上がりに折って縫う。
10…足ベルト通しを出来上がりに折って手芸用ボンドで止め、片側を止め位置に縫い付ける。
11…後股上を縫って、縫い代は右側に倒す。
12…足ベルトは出来上がりに折ってステッチをかけ切り口にほつれ止めをする。
13…バックルを通した足ベルトをはさんで股下を縫い、表に返す。
14…足ベルト通しをベルトをくるむようにして縫い止める。
15…二つ折りした前フラップ二枚を、2ミリのところに端ミシンをかけ、重ね位置で縫い止める。両端に目打ちで穴を開け、丸カンを通す。
16…後フラップは上端と両サイドを折り、はそのままで、どちらも2ミリのところに端ミシンをかけ、裾にプリーツをたたむ。
17…上端をステッチで押さえて、両端に目打ちで穴を開け、丸カンを通す。
18…15・17の丸カンに9ピンを付けて先を曲げ、フラップかけにかける。

【型紙】

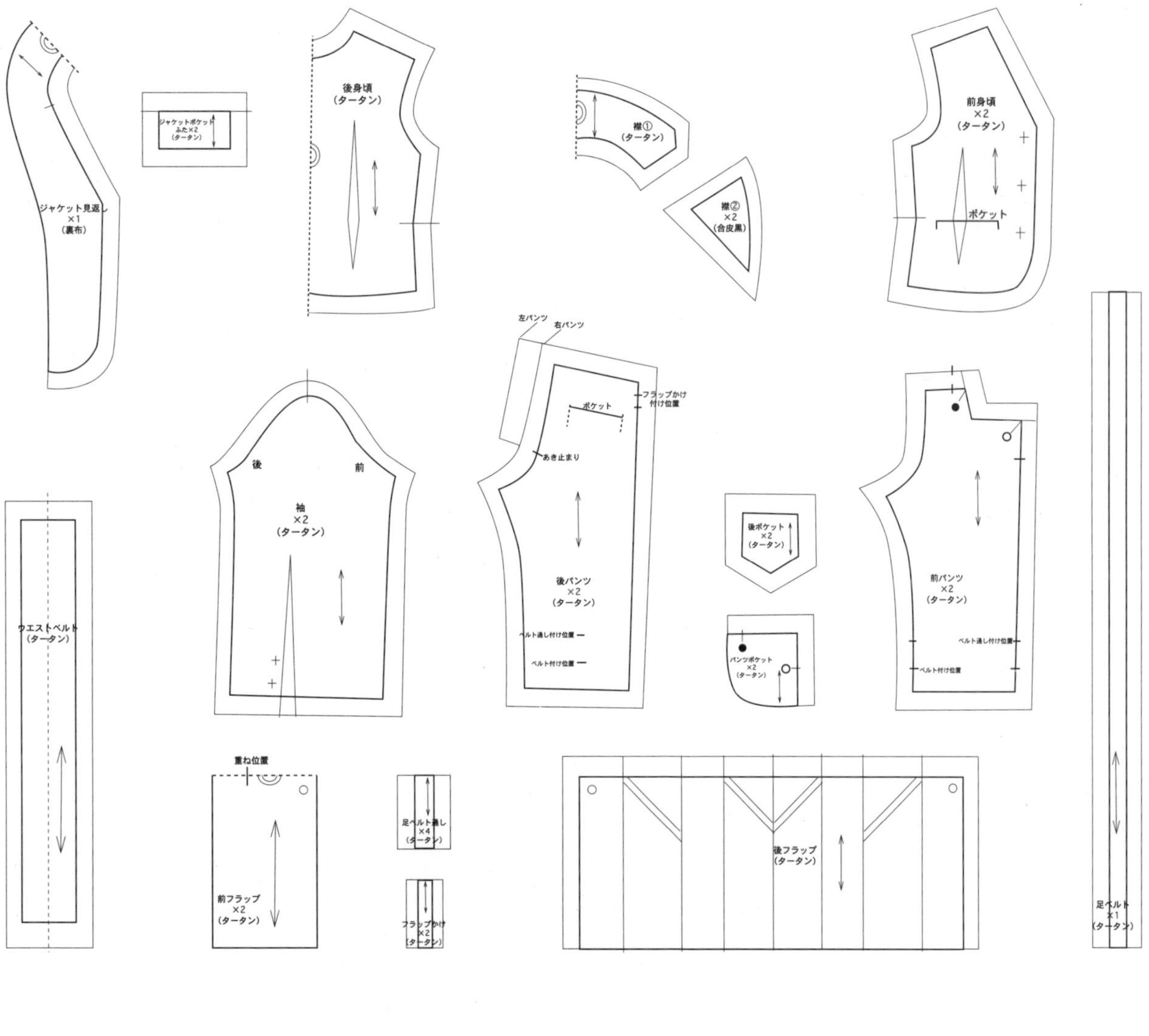

ジャケット見返し×1（裏布）
ジャケットポケットふた×2（タータン）
後身頃（タータン）
襟①（タータン）
襟②（合皮黒）
前身頃×2（タータン）
ポケット
袖×2（タータン）　後　前
後パンツ×2（タータン）
左パンツ　右パンツ
ポケット
フラップかけ付け位置
あき止まり
ベルト通し付け位置
ベルト付け位置
後ポケット×2（タータン）
前パンツ×2（タータン）
ベルト通し付け位置
ベルト付け位置
パンツポケット×2（タータン）
ウエストベルト（タータン）
重ね位置
前フラップ×2（タータン）
フラップ×2（タータン）
足ベルト通し（タータン）
後フラップ（タータン）
足ベルト×1（タータン）

※型紙は200％に拡大して使用して下さい。

パイレーツリカちゃん 〈モモリータ P57〉

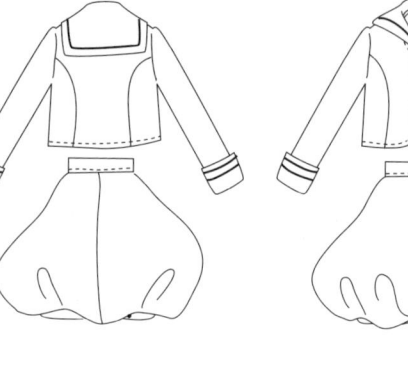

【材料】

*ジャケット・スカート
薄手ツイル・白　50センチ×10センチ
薄手ウール・黒　80センチ×10センチ
裏布・白　10センチ×10センチ
裏布・黒　30センチ×8センチ
リリアン・白　30センチ
ボタン　2個
スナップ　3組

*海賊帽・アイパッチ
フェルト・黒　15センチ×11センチ
ブレード　35センチ
革　2センチ×2センチ
リボン・黒(3ミリ幅)　28センチ

【作り方】

*ジャケット
1…前身頃と前脇布を縫い合わせ、切り込みを入れて縫い代を割る。
2…後身頃と後脇布を縫い合わせ、切り込みを入れて、縫い代を割る。
3…肩を縫い、縫い代を割る。
4…袖はダーツを縫い、ダーツに切りこみを入れて割り、袖口を折って縫う。
5…袖口をぐし縫いし、いせる。
6…身頃と袖を縫い合わせる。
7…襟布をバイアスに粗裁ちした裏地と中表に縫い合わせ、余計な裏布を落とし、縫い代に切りこみを入れ、表に返してアイロンで押さえる。
8…襟にリリアンを、手縫いまたは手芸ボンドで貼り付ける。
9…身頃と見返しに襟をはさんで縫う。
10…袖下から袖を続けて縫う。
11…袖下に切りこみをいれ、縫い代を割る。
12…表に返し裾を折る。
13…襟ぐりに切りこみを入れ、襟ぐり〜前立て〜裾〜前立て〜襟ぐりと続けてステッチで押さえる。
14…スナップとボタンをつける。
15…カフス布を中表に合わせ、返し口1センチを残して縫う。
16…表に返してアイロンで押さえ、返し口をまつりつける。
17…カフスにリリアンを、8と同様に付ける。
18…カフスを輪にして、袖口側5ミリほどまつる。
19…袖口よりカフスを1ミリくらい出して、袖口奥をまつりつける。

*バルーンスカート
1…表スカート4枚を、後あきになるサイドを残してはぎ合わせる。
2…切りこみを入れ、縫い代を割る。
3…前後のアンダースカートを縫い合わせ、縫い代に切りこみを入れて割る。
4…表スカートの裾にアンダースカートの裾幅に合わせてギャザーを寄せ、中表に縫い合わせる。
5…縫い代をアンダースカート側に倒し、表からステッチで押さえる。
6…表スカートの後あき〜アンダースカートの後あきまでを続けて縫う。
7…表に返し、ウエストベルトを縫い付けて、ベルトにスナップをつける。

*海賊帽
1…フェルトを型紙のようにカットする。
2…縁にブレードをボンドで接着する。
3…ドクロのアイロンプリントをつける。
4…かぶせるときは、虫ピンでお人形の頭に形を整えて留める。

*アイパッチ
1…革を型紙のようにカットする。
2…裏からボンドでリボンを貼り付ける。

【型紙】

見返し(裏布)
袖 ×2(白)
後　前
後身頃(白)
後脇 ×2(白)
前脇 ×2(白)
前身頃 ×2(白)
襟(黒)
前スカート(裏布)
後スカート ×2(裏布)
あき止まり
ウエストベルト(黒)
スカート ×4(黒)
カフス ×2(黒)
帽子(フェルト)
アイパッチ(革)

※型紙は200%に拡大して使用して下さい。

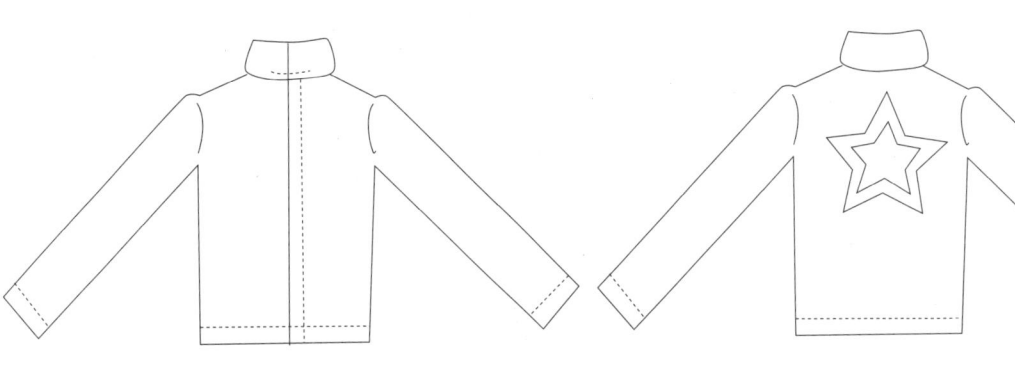

【材料】

ニット生地　40センチ×11センチ
アップリケ用フェルト　好きな色2枚
スナップ　3組

【作り方】

1…肩を縫い、縫い代を割る。
2…襟布を襟ぐりに中表に縫いつける。
3…袖口の縫い代を折って縫いつける。
4…袖をつける。
5…袖下、脇を続けて縫う。
6…裾の縫い代を折って縫い、後あきの縫い代も襟先まで折って一気に縫う。
7…襟を折り線で二つに折って、表からステッチで押さえる。
8…襟をタートルネックのように折り、後の襟付け近くを持ち上がらないように少し縫い止める。
9…スナップをつける。
10…星のアップリケをつける。
※ニット生地はほつれやすいので、裁断後ピケ（ほつれ防止剤）でほつれ止めする。

【型紙】

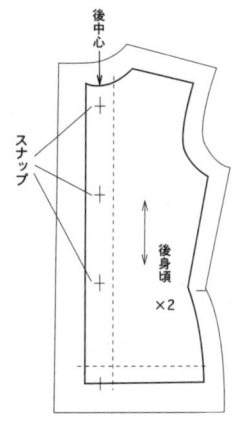

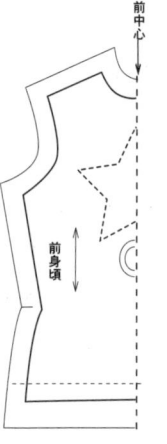

アップリケ図案

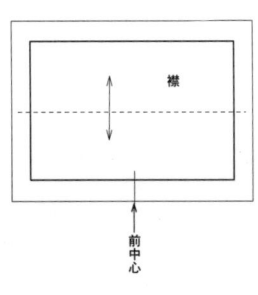

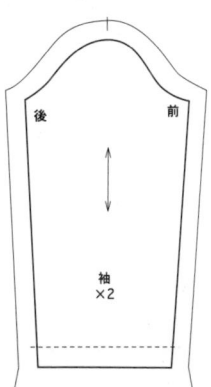

※型紙は200％に拡大して使用して下さい。

【材料】

＊振り袖ワンピース（市松）

表布（市松柄・木綿）　50センチ×50センチ

裏布（白・綿ローン）　50センチ×50センチ

綿ギャザーレース（3センチ幅）　35センチ

振り布・襞襟（赤・縮緬）　24センチ×30センチ

パイピング（黒・木綿）　10センチ×10センチ

ホック　最小　1組

スナップ　5ミリ　1組

＊振り袖ワンピース（赤）

表布（赤花柄・縮緬）　50センチ×50センチ

裏布（白・綿ローン）　50センチ×50センチ

綿ギャザーレース（3センチ幅）　35センチ

振り布（萌葱・縮緬）　12センチ×24センチ

襞襟（黒・縮緬）　3センチ×20センチ

パイピング（赤・サテン）　10センチ×10センチ

ホック　最小　1組

スナップ　5ミリ　1組

＊作り帯「寿」

白・綿ローン　8.5センチ×58センチ

両面接着芯　4.5センチ×49.5センチ

結び紐（朱または黒）　極細　50センチ

スナップ　径5ミリ　2組

＊作り帯「ふくら雀」

綿ローン・白　8.5センチ×34センチ

両面接着芯　4.5センチ×30センチ

＊ヘッドドレス（1着分）

白・綿ローン　10センチ×50センチ

綿ローン・白　10センチ×30センチ

接着芯　3センチ×20センチ

結び紐（童と萌葱）　細　各40センチ

人形用ヘアピン　2本

＊エプロン本体（1着分）

綿ローン・白　70センチ×30センチ

＊パニエ（1着分）

綿麻・オフ白　10センチ×50センチ

シルクトーションレースオフ白（7ミリ幅）

100センチ

スナップ　5ミリ　1組

＊ニーハイソックス（1足分）

ニットジョーゼット・白

12センチ×12センチ

＊クシュクシュ

縮緬・赤　3センチ×34センチ

ヘアゴム　20センチ

縮緬・赤　6センチ×24センチ

ヘアゴム　30センチ

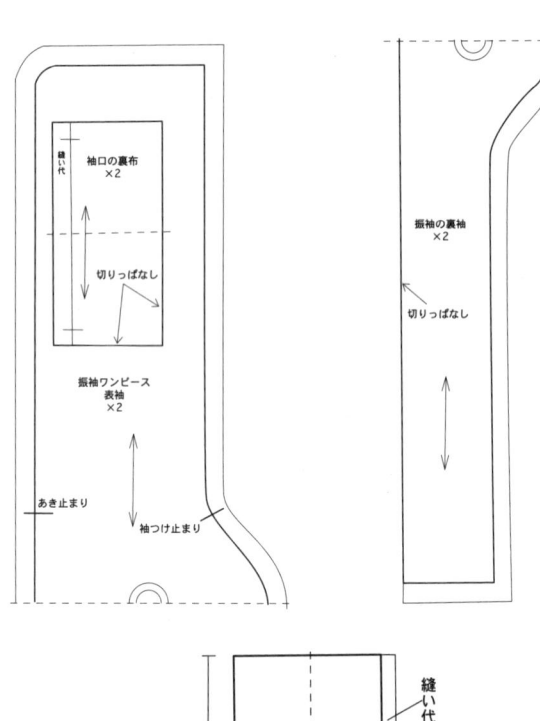

袖口の裏布
×2

切りっぱなし

振袖ワンピース
表袖
×2

あき止まり

袖つけ止まり

縫い代

振袖の裏袖
×2

切りっぱなし

振り布
×2

24

6　0.5

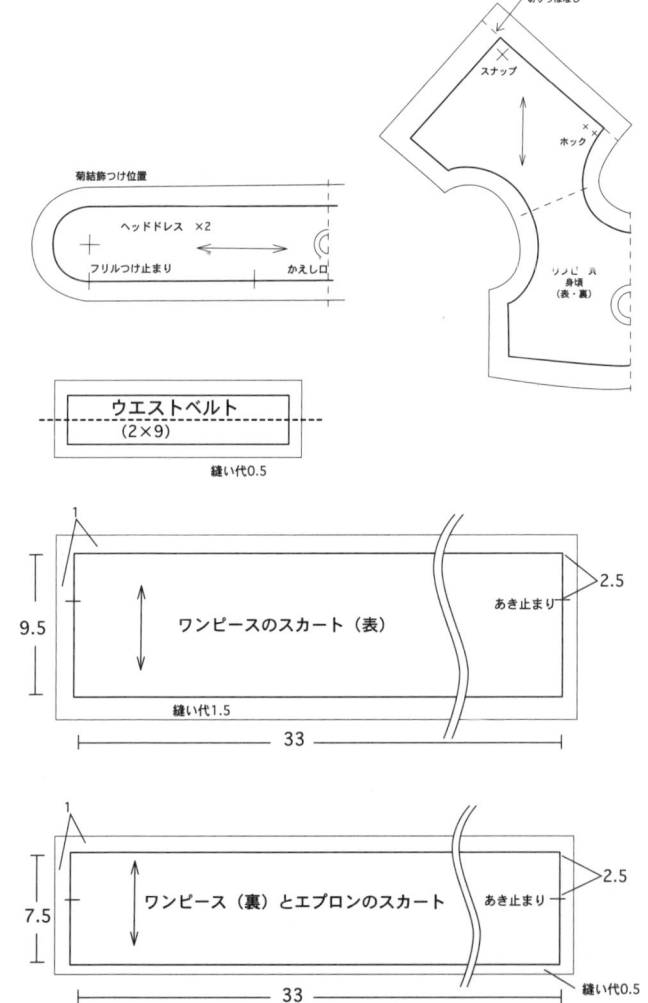

菊結飾つけ位置

ヘッドドレス　×2

フリルつけ止まり　かえし口

ウエストベルト
（2×9）

縫い代0.5

裏布はここで
切りっぱなし

スナップ

ホック

リノじ真
身頃
（表・裏）

1

9.5

ワンピースのスカート（表）

縫い代1.5

33

あき止まり　2.5

1

7.5

ワンピース（裏）とエプロンのスカート

縫い代0.5

33

あき止まり　2.5

【作り方】

＊振り袖ワンピース

1…表布と裏布の身頃の袖ぐりに切りこみを入れ、それぞれ袖を縫い付ける。

2…袖口に裏布を付け、アイロンで裏側に倒す。

3…表袖・裏袖の袖付け止まりから振りまで中表に縫い、縫い代を表袖側に倒す。

4…袖口から中で中表に縫い、裏布を返して、表から1ミリ覗くようにアイロンで押さえる。

5…全体を一旦表に返し、袖を衿から裏返して袖口布を図1のように止める。

6…表布と裏布の身頃の脇をそれぞれ中表に縫い、縫い代を割る。

7…表スカートのウエストにギャザーを寄せて身頃に縫い代を控えて付ける。

8…裏スカートの裾に綿ギャザーレースを付け、ウエストにギャザーを寄せる。ウエストにギャザーを寄せて裏身頃に付ける。

9…表スカートを表、裏は外表にそれぞれあき止まりまで縫う。裏は「ふらし」であき止まりまで縫う。裏は外表にそれぞれあき止まりまで縫う。

10…後身頃の見返しを折り、裏布をはさんでステッチで押さえる。（図2）

11…表スカートの裾は三つ折りし、まつる。

12…図3の要領で襞襟を作る。

13…図3の要領で襞襟を縫いつけ、余分な縫い代を裁ち落としてパイピングする。

14…後ろあきの衿の位置にホック、ウエスト位置にスナップを付ける。

＊エプロン本体

1…袖ぐりにフリルを縫いつける。（図3）

2…身頃を中表に合わせ、後ろ開き口～衿ぐりを縫って表に返す。

3…表と裏それぞれ身頃脇を中表に返す。

4…スカートのフリルを図3の要領でステッチで押さえ、両端を三つ折りしてまつり、ウエストにギャザーを寄せ、表身頃に付ける。

5…裏身頃の袖ぐりの縫い代に切りこみを入れ、中へ折ってまつる。

6…紐を木瓜（もっこう）結びした飾りを2個作り、表身頃の両胸に縫いつける。

7…裏身頃のウエストを縫い代で中へ折ってまつり付ける。

8…作り帯を図のように作り、右後身頃に縫いつけ、スナップを2組、並列に付ける。

図2

※ちりめんの場合

ここまで縫う

縫い代　スカート（裏）

身頃

あき止まり

三つ折りしてまつる

表身頃　裏身頃

見返しを裏布をはさんでステッチ

縫縮などほつれる布は三つ折りしてまつる

表身頃　裏身頃

ラダーステッチ

図4

折り返す

3　3

縫い止める

0.5～0.7

縫い止める

裏

表

それぞれ端を袖裏の前後に縫い止める

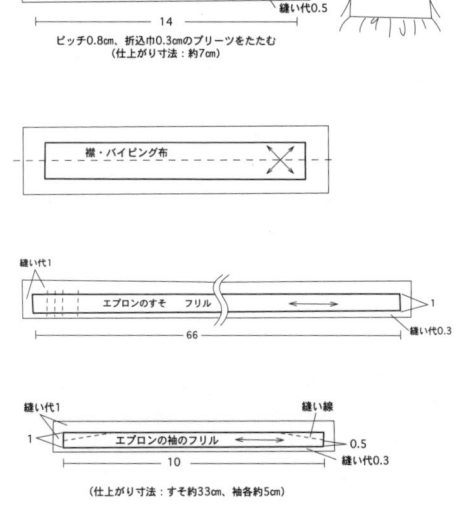

図1

軽く縫い止める

裏布　表袖　裏袖

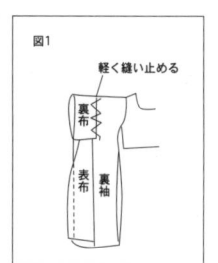

図3

0.8　0.8　0.8　0.8　0.8

0.3　0.8

ピッチ0.8㎝、折込巾0.3㎝のプリーツのたたみ方

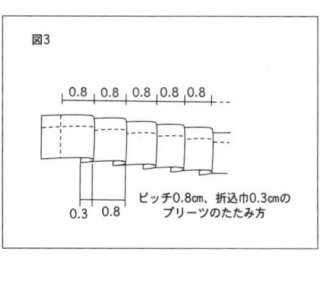

縫い代1

0.8　襟のフリル　縫い代0.5

14

ピッチ0.8㎝、折込巾0.3㎝のプリーツをたたむ（仕上がり寸法：約7㎝）

襟・バイピング布

縫い代1

エプロンのすそ　フリル　1

66　縫い代0.3

縫い代1　縫い線

1　エプロンの袖のフリル　0.5

10　縫い代0.3

（仕上がり寸法：すそ約33㎝、袖各約5㎝）

フリルつけ止まり

エプロン身頃（表・裏）

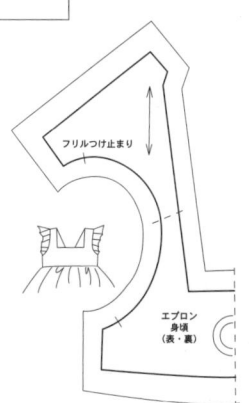

※型紙は200％に拡大して使用して下さい。

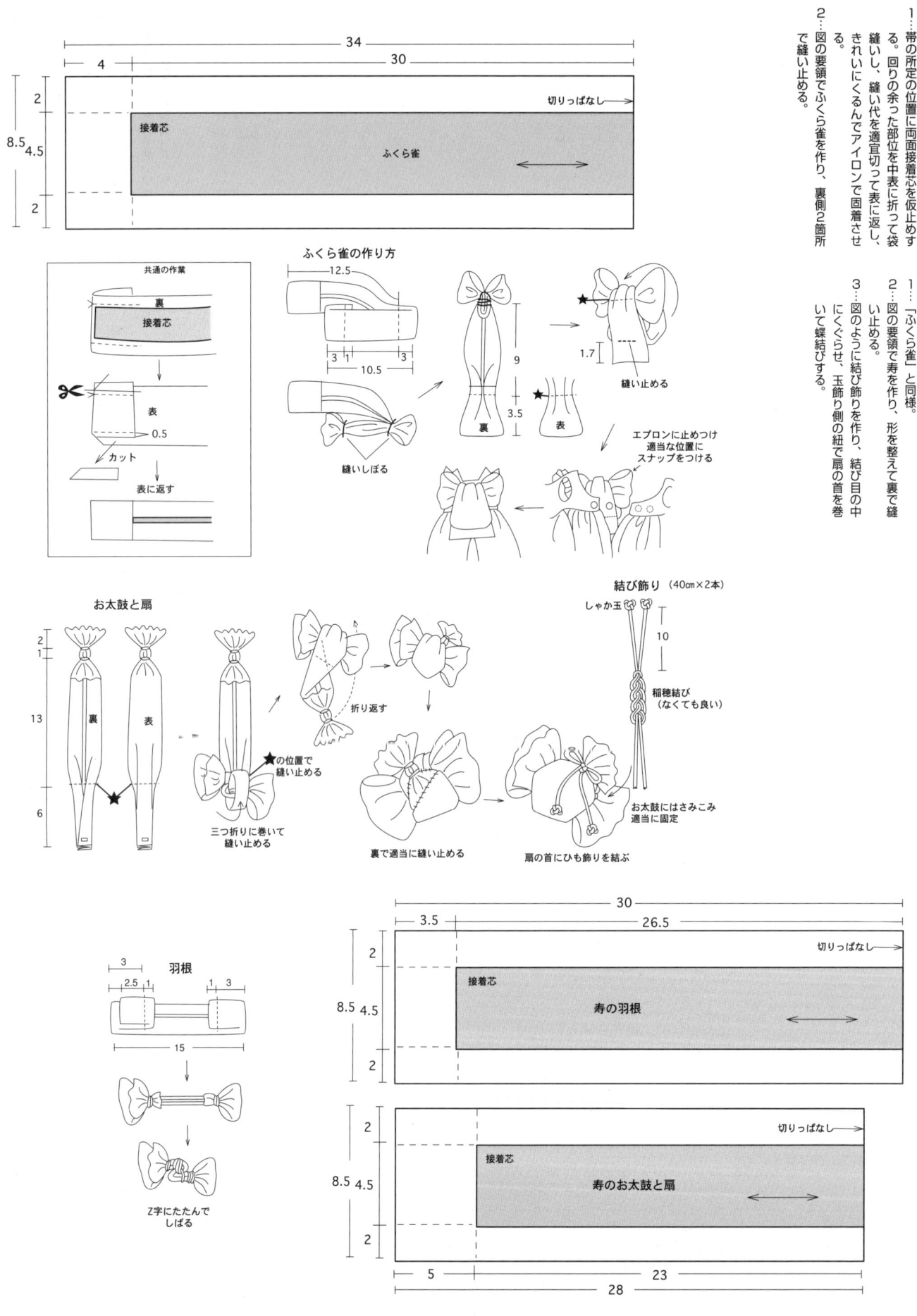

※作り帯「ふくら雀」
1…帯の所定の位置に両面接着芯を仮止めする。回りの余った部分を中表に折って袋縫いし、縫い代を適宜切って表に返し、きれいにくるんでアイロンで固着させる。
2…図の要領でふくら雀を作り、裏側2箇所で縫い止める。

※作り帯「寿」
1…「ふくら雀」と同様。
2…図の要領で寿を作り、形を整えて裏で縫い止める。
3…図のように結び飾りを作り、結び目の中にくぐらせ、玉飾り側の紐で扇の首を巻いて蝶結びする。

34
4
30
8.5　4.5
2
2
2
接着芯
ふくら雀
切りっぱなし

共通の作業
裏
接着芯
表
0.5
カット
表に返す

ふくら雀の作り方
12.5
3　3
10.5
9
3.5
裏
表
縫いしぼる
縫い止める
1.7
エプロンに止めつけ
適当な位置に
スナップをつける

お太鼓と扇
2
1
13
6
裏
表
折り返す
★の位置で
縫い止める
三つ折りに巻いて
縫い止める
裏で適当に縫い止める
扇の首にひも飾りを結ぶ
お太鼓にはさみこみ
適当に固定

結び飾り（40cm×2本）
しゃか玉
10
稲穂結び
（なくても良い）

羽根
3
2.5　1　1　3
15
Z字にたたんで
しばる

30
3.5
26.5
2
8.5　4.5
2
接着芯
寿の羽根
切りっぱなし

2
8.5　4.5
2
接着芯
寿のお太鼓と扇
切りっぱなし
5
23
28

　※型紙は200％に拡大して使用して下さい。

※クシュクシュ　図参照

* ニーハイソックス　図参照

* ヘッドドレス
1…フリルは図3の要領でピッチ1センチ、折り込み巾0.4センチのプリーツを折る。
2…表地に接着芯を貼り、裏地と中表に合わせ、1をはさんで縫う。
3…カーブの縫い代に切りこみを入れ、表に返し、返し口を閉じる。
4…1メートルの紐を図のような結び飾りにし、2つ作る。
5…本体の両サイドに4を縫いつけ、裏側に人形用ヘアピンを縫いつける。

* パニエ
1…裾を折り返し、表側の所定の位置にレースを付け、ウエストベルトにギャザーを寄せる。
2…ウエストベルトに1を縫いつける。
3…後ろあきを裾からあき口まで縫い、縫い代を開く。
4…ベルト布を内側に折り込み、まつる。
5…ベルトの両端にスナップを付ける。

| 1 |

9

レース付け位置

パニエ

2.5
あき止まり

1.5

45

縫い代0.5

ウエストベルト
(2×9)

縫い代0.5

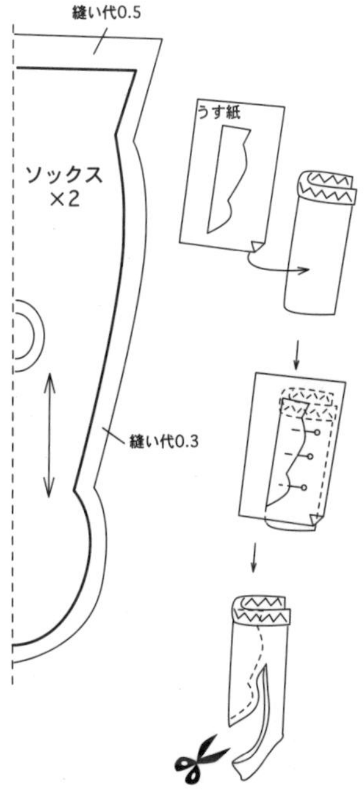

縫い代0.5

ソックス
×2

うす紙

縫い代0.3

菊結び

玉結び

5

5

しゃか結び（玉）

ヘッドドレスの
結び飾り

1つにつき1m使用

※結び方は市販の飾り結びの本などを参照して下さい

適当にひもを組み糸で裏から縫い止めて飾りにしてもOK!

ビーズを通してもかわいい

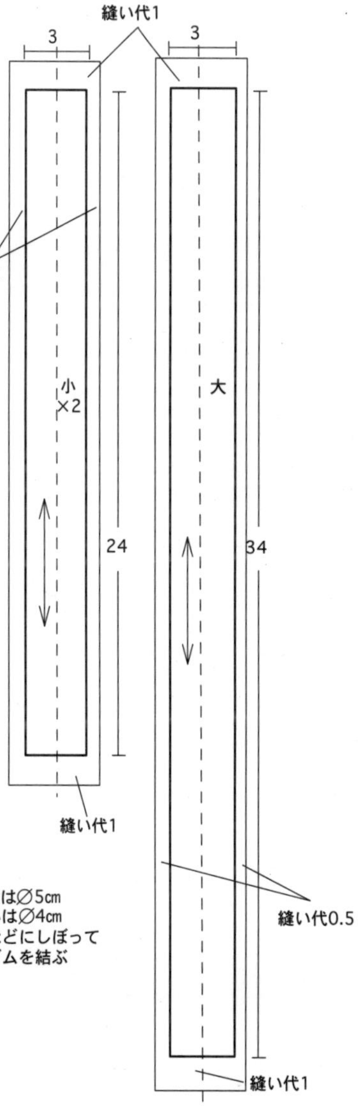

縫い代1

3

3

縫い代
0.5

小
×2

24

大

34

縫い代1

縫い代0.5

菊結飾つけ位置

ヘッドドレス　×2

フリルつけ止まり

かえし口

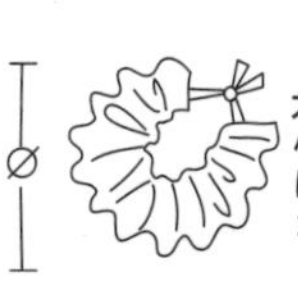

大はØ5cm
小はØ4cm
ほどにしぼってゴムを結ぶ

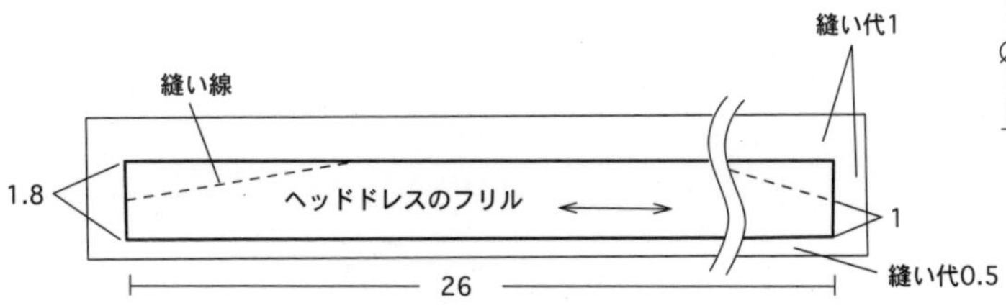

縫い代1

縫い線

縫い代1

1.8

ヘッドドレスのフリル

1

26

縫い代0.5

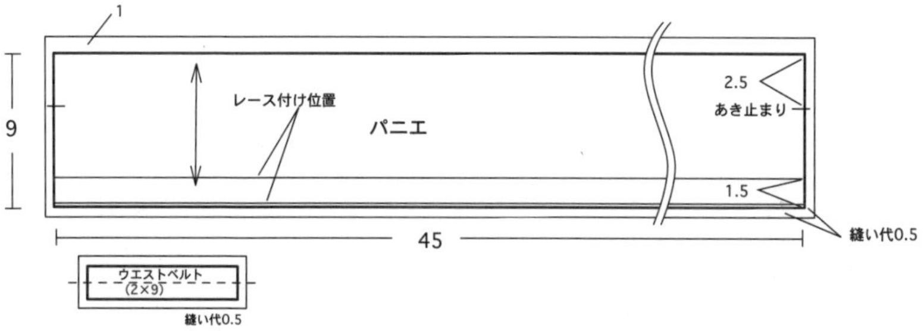

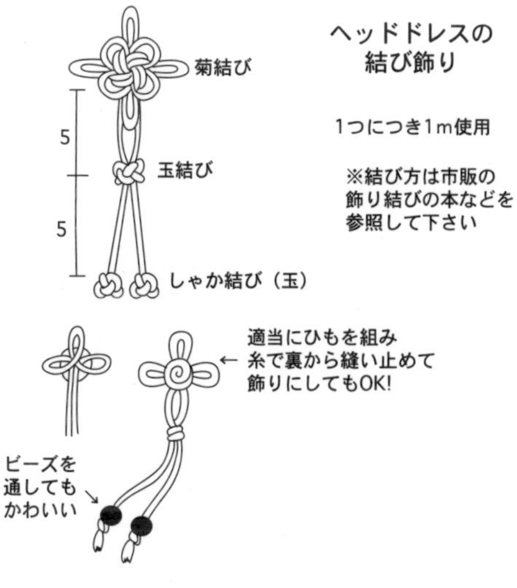

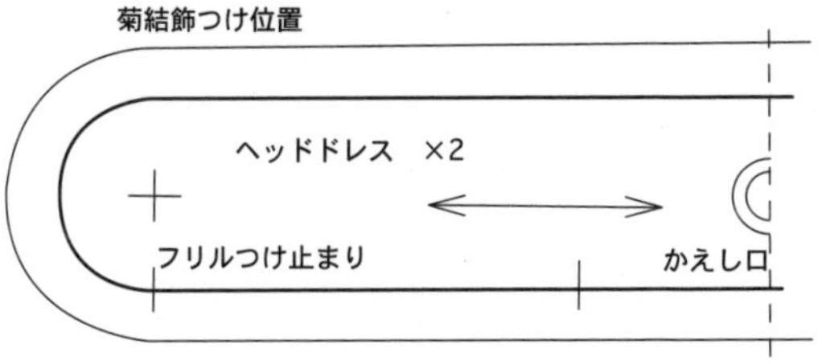

ピッチ1cm、折込巾0.4cmのプリーツをたたむ
（仕上がり寸法：約13cm）

※型紙は200％に拡大して使用して下さい。

【材料】

*ワンピース
綿サテン・水色　50センチ×30センチ
綿サテン・白　10センチ×10センチ
ケミカルレースの端の部分　32センチ
ナイロンシフォン　27センチ×9.5センチ
ケミカルレース（3センチ幅）81センチ
ボタン　4ミリ　4個　飾りボタン　1個
スナップ　2組

*エプロン
綿ローン・白　20センチ×10センチ
ケミカルレース（12ミリ幅）　16センチ
バックル

*ヘッドドレス
綿サテン・水色　10センチ×6センチ
ケミカルレースの端の部分　9センチ

【作り方】

*ワンピース
1…粗裁ちした白サテン地の中央に2本ピンタックを取り、前身頃中心を裁ち出す。
2…1と前身頃はレースをはさみ中表に合わせる。さらに前脇布も順に縫い合わせ、縫い代はすべて中心に向かって倒しアイロンをかける。
3…後身頃のダーツを縫う。
4…肩を縫い合わせ縫い代を後身頃に倒してステッチで押さえる。
5…袖②の袖口とカフスを、レースをはさみ中表に縫い合わせる。カフスを表に折り上げ、レースをはさんでステッチ。
6…袖①のパフスリーブ部分にギャザーをよせ袖②と中表に縫い合わせ、縫い代を袖②側に倒してステッチで押さえる。
7…袖①の袖山にギャザーをよせて、身頃と縫い合わせる。
8…袖下から身頃脇を続けて縫う。
9…ピンタックを3本取った水色サテン地で2段目スカートを裁ち、裾の始末をする。
10…シフォン地のアンダースカートの裾にギャザーを寄せた3センチ幅のレースをつけ、表スカートと重ねて上端にギャザーを寄せ1段目スカートと縫い合わせる。
11…1段目スカートにギャザーをよせ身頃と縫い合わせる。
12…襟ぐりにスタンドカラーを合わせ、左後身頃は打ち合い分5ミリを控えて縫い付け、内側に返してまつる。
13…後中心は裾から2段目スカートで縫いどまり、縫い代に切れ込みを入れて開き、それぞれの後身頃端をステッチで押さえ、スナップをつける。
14…前中心に飾りボタンをつける。

*エプロン
1…あらかじめピンタックを3本とった綿ローン地で、エプロンスカートを裁ち、裾始末してギャザーレースを縫いつける。
2…上端を8センチに縫い縮め、ベルト布を中表に付け、縫い代をはさみステッチ。
3…片方のベルトにバックルを通し止める。

*ヘッドドレス
1…つばにレースをはさみ中表に縫い合わせ、縫い代に切れ込みを入れて表に返し、形を整えてアイロンをかける。
2…土台布と縫い合わせ、左右にゴムをつける。（図2）

図1

レース

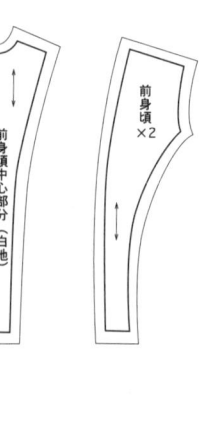

図2

ゴム

エプロンひも
13.5cm×2cm

エプロンスカート
16cm×4.3cm

1段目スカート
15cm×3.5cm

2段目スカート
27cm×10.5cm

アンダースカート
27cm×9.5cm

アンダースカート裾線

左のみ
後身頃
×2

前身頃中心部分（白地）

前身頃
×2

前脇
×2

立襟（白地）

袖①
×2

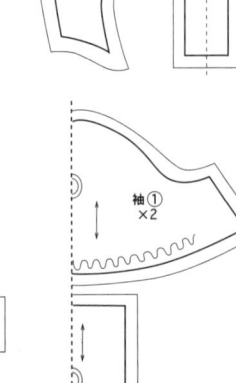

つば
×2

カフス（白地）
×2

袖②
×2

ヘッドドレス土台布

　※型紙は200％に拡大して使用して下さい。

【作り方】
1…身頃のダーツを縫い、中心に向かって倒す。
2…襟布を出来上がり線で折り、襟ぐりに中表に縫いつけ、縫い代に切り込みを入れて落ち着かせる。
3…袖口を出来上がり線から折って縫う。
4…3を出来上がり線から5ミリのところをぐし縫いして4.5センチに縫い縮める。
5…袖山にギャザーをよせて、身頃と縫い合わせる。
6…袖下、脇を続けて縫う。
7…スカートの裾を出来上がり線で折って縫い、上端にギャザーをよせ、身頃と縫い合わせる。
8…後あきの縫い代を折り、スカートのあき止まりまでステッチで押さえる。
9…スカートあき止まりから裾まで中表に縫い合わせ、縫い代に切れ込みを入れる。
10…スナップをつける。
11…襟元に結んだリボンを縫いつける。

*エプロン
1…4センチ幅のギャザーレースの上部1センチに2センチ幅の両耳レース6センチを縫いつける。
2…ワンピースの左右のウエスト部分に、飾り用に結んだ白リボンと一緒に縫い付ける。

*ヘッドドレス
1…ギャザーレースを幅2つ折りにし、4センチの両端にそれぞれリボン10センチを止めつけ、頭に結んでみて、リボンの長さを調節する。

※この型紙は縫い代を含んでいないので、後あきのみ1センチ、その他は5ミリを加えて裁断してください。
※裁断後布端をピケ（ほつれ防止剤）でほつれ止めをしています。
※この型紙はWTGのボディに合わせてありますので、他社のお人形、またボークスのWT以外のこのシリーズのお人形には小さくて着せられません。

【材料】
*ワンピース
黒の化繊地　30センチ×20センチ
リボン・黒（3ミリ幅）10センチ
スナップ　2組

*エプロン
ギャザーレース（4センチ幅）10センチ
両耳綿レース（2センチ幅）10センチ
リボン・白（3ミリ幅）15センチ
リボン・白（3ミリ幅）10センチ

*ヘッドドレス
ギャザーレース（2センチ幅）5センチ、
リボン・白（3ミリ幅）20センチ

ギャザーをよせる↑
袖　×2
※前後共通

襟　×1
折り線

身頃×1

スカート×1
あき止まり
前中心

※型紙は200％に拡大して使用して下さい。

Event Map

これから開かれる お人形展示即売会・展覧会・イベント
2003年12月〜2004年

全国各地のお人形の催し物のご案内です。一般の方がディーラーとしてお人形関連のものを販売することのできる展示即売会や、創作人形の展覧会、お人形も並ぶハンドメイドの展覧会や手作りのイベントもあります。2003年11月時点での情報を掲載していますので、開催日、入場料等重要な項目については、変更が無いかご確認の上お出かけください。

ファッションドール

12月

5日(金)〜20日(土)展
Mix & Match Blythe Photo Contest
(容)ブライス・プチブライスをモデルにした写真コンテスト (場)CWC-the Gallery 渋谷区代官山町1-6 広田代官山ビル3F (料)無料
(主)クロスワールドコネクションズ(CWC)
Tel.03-3496-0746 Fax.03-3496-0747
agents@cwctokyo.com
http://www.cwctokyo.com
(Blythe公式サイト)
http://www.blythedoll.com

7日(日)即 Dolls Party10
(場)東京ビッグサイト (時)10:00〜16:00 (料)限定販売、ワンオフモデル頒布、カスタマイズドールコンテスト、オークション開催、お茶会と撮影ブース特設等の企画盛りだくさん。詳細はHPをご覧下さい。
(主)(間)ボークスDolls Party事務局
http://www.volks.co.jp

7日(日)講
- I dolls - 6th National Doll Convention
(容)イタリア全土から人形好きが集まる
(主)Doll Collector's Club Italia
Tel.328-9161832 Fax.02-8360779
pinkpower66@yahoo.com
http://clix.to/dcci

9日(火)〜15日(月)展
「DAYDREAM BELIEVER〜記憶〜」TOUR
(容)momokoの「記憶」をテーマにした新作を中心とするインスタレーション
(場)ロフト名古屋5F 名古屋市中区栄3-18-1 ナディアパーク内 (料)無料 (間)ロフト・名古屋
Tel.052-219-3000
http://www.loft-nagoya.com

10日(水)〜11日(木)他
ジーナ・ガランサイン会
(容)ブライスのフォトグラファー、ジーナ・ガランのサイン会。当日JunieMoonにて2000円以上お買い上げの先着30名 (時)14:00〜15:00 (場)CWC直営店「JunieMoon」東京都渋谷区代官山町18-5 代官山SGビル2階 (間)詳細はhttp://www.blythedoll.comを御覧ください

16日(火)〜25日(月)展
ブライス展「Cool Mod」
(容)ドール及びグッズの販売あり (場)東京ブランタン銀座7F クロスワールドコネクションズ(CWC)「Mix & Match Blythe Photo Contest」と同じです

17日(水)〜25日(木)展
21世紀のキャラクターエキスポ キャラ博'04
(容)「コレクションドールの世界展」「人気キャラクターの世界展」アニメーション上映も (場)青山スパイラル 港区南青山5-6-23 (料)一部有料 (主)(間)H2Oカンパニー
Tel.052-354-2631 Fax.052-354-4585
kuboki@ma.h2o-net.co.jp

18日(木)〜25日(木)展
「DAYDREAM BELIEVER〜記憶〜」TOUR
(場)梅田ロフト1F 大阪市北区茶屋町16-7 (間)梅田ロフト Tel.06-6359-0111
http://www.loft.co.jp

21日(日)即 Dolls Party in Korea
(場)COEX (時)10:00〜16:00 (料)4900ウォン(ガイドブック付き) (容)ドールを愛する国に国境はない! 早くも第2回目の開催です。年末より開催。ワンオフモデル頒布、お茶会&撮影ブース特設、カスタマイズドールコンテスト
(主)(間)ボークス
http://www.dollspartykorea.co.kr

2004年1月

9日(金)〜19日(月)フ
ドールパラダイス2004
(時)10:00〜17:00 (容)国内外の8インチ〜16インチのメーカードール、カスタムドール、オリジナルドールの展示販売。詳細はHPをご覧下さい (場)高崎TOY PARADISE内 群馬県高崎市片岡町1-18-18
(間)高崎TOY PARADISE Tel.027-347-6327
http://www5be.biglobe.ne.jp/toyparas/

13日(日)❶
I❤Doll 11ディーラー参加締切日(必着)
※応募方法は次のページの広告をご覧下さい

31日(土)❶
ドールショウ12ディーラー参加締切日(必着)
※応募方法はドールショウ公式サイトをご覧下さい http://dollshow.hp.infoseek.co.jp/

2月

2日(月)❶ Doll's Garden in 名古屋の❶
ディーラー参加締切日
※但し、これ以前に満了した場合もあります

14日(土)〜16日(月)展 第一回ベッチー祭り
(容)タイニー・ベッツィー・マッコール日本上陸2周年のご案内を。最新情報は下記URLを御覧下さい (場)ルビー・イン・ザ・ソーダ 東京都港区西麻布1-8-12 ウテナ・ハウス1階(六本木駅徒歩8分) (間)キューティーズ Tel.03-3865-2516 www.cuties.co.jp
(間)グラフィック社Dolly*Dolly編集部
Fax.03-5275-3579
dolly@graphicsha.co.jp
(書面にてお願いします)
http://www.graphicsha.co.jp/Data/
dollydolly.html

29日(日)❶ I❤Doll 11
(容)ドールのための衣装・小物を中心とした手作りグッズの交換・展示・販売会 (場)産業貿易センター浜松町館 (料)800円予定(プログラムブック込・5才以下無料) (時)11:00〜15:00
(株)ユウメディア「宝島コレクションマーケット事務局 Tel.03-3843-1290(平日11:00〜19:00),Fax.03-3843-2400(24時間)

即 Doll's Garden in 名古屋〜2nd party人形造の即売会
(容)スーパードルフィー、ミニスーパードルフィー等ボークス関連品及び1/1ドール等オリエント工業や1/6ドール各種、TAKARAブライスなどのドール全般品における同人誌、ドール用ドレス、小物、アクセサリー、カスタム風の置物即売会やオトドーラー同士の交流会 (場)愛知県名古屋国際会議場1号館1階展示室全室 愛知県名古屋市熱田区西町1番1(駅)名城線日比野駅・西高蔵駅 (時)11:00〜18:00 (料)パンフレット代700円 (間)Tel.052-803-8972 opanchu@nifty.com
http://homepage3.nifty.com/opanchu/
index_050.htm
(間)〒168-0011名古屋市天白区荒木町1-601平針西住宅1-1104「桑山方」ドールズガーデン in 名古屋準備会

3月

7日(日)即 2004ジェニーひな祭り
(時)時代和服・現代和服」等のテーマ作品の展示、手作りオリジナル作品販売、お茶会など。
(間)東京ヴォーグ社ジェニー係
Tel.03-5261-5083

29日(日)即 ドールショウ12 春
(場)大阪マ産業貿易センター浜松町館 港区海岸1-7-8 (料)1,000円 (主)(間)ドールショウ事務局 Tel.045-622-5223 Fax.045-622-5223
YYG03562@nifty.ne.jp
http://dollshow.hp.infoseek.co.jp/

会期随時 講 リメイク・ワークショップ
(容)ブライスの椿号「Dolly*Dolly」2号に掲載されているリメイクを中心としたリメイクのワークショップ (場)SPLASH and SAMMY 大阪市中央区東心斎橋1-14-21 川村ビル3F-B (料)3,000円(当店でブライス購入の場合は無料)
(主)(間)SPLASH and SAMMY
Tel.06-4704-4023 Fax.06-4704-4080
info@splash-sammy.com
http://www.splash-sammy.com

創作・アンティーク

12月

4日(木)〜10日(水)展 K1青山人形展
(場)浜松まやや本店 静岡県浜松市相生町16-1 (料)無料 (間)青山人形 Tel.075-415-1477 k1doll@pop17.odn.ne.jp
Fax.075-415-1477
http://www2.odn.ne.jp/k1-aoyama/

11日(木)〜16日(火)展
20周年記念あまべ幸子ビスクドール展
(容)あまべ幸子と教室のメンバーの作品展
(場)GALLERY4匹の猫 大阪市北区茶屋町5-2 (時)11:00〜(初日13:00〜、最終日17:00まで)
(間)GALLERY4匹の猫 Tel.06-6359-6516

23日(火)〜26日(金)展
2003 DOLLFESTA IN GINZA
(時)11:00〜19:00(最終日16:00まで) (容)創作人形作家40余名による展示販売 (場)セントラル美術館 中央区銀座2-7-18 メルサビル5F (料)無料 (主)(間)ギャラリー和一郎(ドールフェスタ実行委員会事務局)
Tel.03-3445-4667 Fax.03-3445-1298
waichiro77@msn.com

23日(金)〜28日(日)
三浦悦子「義身体展示室」人形作品集出版記念展
(容)人形作家三浦悦子の個展 (時)11:00〜21:00(最終日17:00まで) (場)ル・デコ2F 東京都渋谷区渋谷3-16-3 (間)Tel.03-3724-4358

20日〜29日頃「マリアの心臓」プレビュー
(容)2004年オープン予定の人形館佐吉ショウルームのプレビュー。詳細はお問い合わせ下さい
(間)Tel.03-3499-1508

2004年1月

10日(土)〜14日(水)展 創作人形フェア
(場)渋谷東急東横店東館5階特別サロン (容)若手実力派創作人形家16名による展示販売 (料)東急東横店 Tel.03-3477-3111(代表)Tel.03-3477-4203(会期中直通)

10日(土)〜12日(月)即 骨董ジャンボリー
(場)東京ビッグサイト東4ホール 江東区有明3-21-1 (時)10日10:00〜18:00 11,12日10:00 (料)10日当日3,000円(前売り2,000円)、11〜12日当日1,000円(前売り800円) (主)骨董ジャンボリー実行委員会
(間)080-1001-3261 Fax.03-5996-4130
http://www.kottoh-jamboree.com

11日(日)〜31日(土)展 monthly K-1doll 伽井川弥
(時)10:00〜18:00 (容)K1-dollの出品作家より毎月1名を紹介 (場)青山人形青山/K1ドヲル 京都市北区紫竹上町北大路下ル (料)無料 (主)(間)青山人形青山/K1ドヲル Tel.075-415-1477
k1doll@pop17.odn.ne.jp
http://www2.odn.ne.jp/k1-aoyama/

16日(金)〜3月24日(水)展
アピールボックス入人形展 岩井宏美、若木温子、間宵乃羊
(容)新進作家のための人1体2ヶ月間の展示 (時)13:00〜19:00(木曜休) (場)青山人形青山/K1ドヲル

2月

1日(日)〜29日(日)展 monthly K-1doll 山桜桃
(容)K1-dollの出品作家より毎月1名を紹介 (場)青山人形青山/K1ドヲル ※問い合わせ等は1月の項をご覧下さい

7日(土)〜3月21日(日)展
映画「イノセンス」公開記念 押井守監修「球体関節人形展」
DOLLS of INNOCENCE (時)10:00〜18:00 (最終10日17:30まで。月曜開館日(入場は17:30まで) (場)東京都現代美術館 東京都江東区三好4-1-1 木場公園内 (料)大人・大学生1,000円、中高生800円、小学生・65才以上500円(前売りは各100円引き) (間)東京都現代美術館 テレフォンサービス Tel.03-6215-4410

9日(月)〜14日(土)展 田村晴文美展
(容)古布を使って、懐かしい人形を展示 (場)ギャラリーGK 中央区銀座6-7-16 第一岩井ビル1F (時)12:00〜19:00(最終日は17:00まで) (料)無料 (間)ギャラリーGK Tel.03-3571-0105
Fax.03-3571-0105または、田村晴文美 江戸川区東葛西5-10-26-512 Tel/Fax.03-3689-7532
lk-hrm@ezweb.ne.jp

9日(火)〜15日(日)展 ピグマリオン人形展
(場)GALLERY LE DECO 東京都渋谷区渋谷3-16-3 TOWAビル Tel.03-5485-5188 (間)ドールスペース近江 東京都世田谷区奥沢5-28-14-201 Tel/Fax.03-3704-3730 (間)ピグマリオン
http://www.pygmalion.mar.gr.jp/

14日(土)〜22日(日)展 丸美鈴ビスクドール展
(容)創作ビスクドール展 (場)ドルスバラード は12月に移転して平成の会場場所はHPにてご確認下さい
http://www.dolsballad.co.jp (主)ドルスバラード

3月

4日(木)〜16日(火)展
第23回エコール・ド・シモン人形展
(時)10:00〜18:30(最終日は18:00まで) (容)毎年恒例になっている教室展です。100点からそれ以上の人形が出品されます。(場)新宿紀伊国屋画廊 新宿区新宿3-17-7 (料)無料 (主)(間)人形教室エコール・ド・シモン Tel.03-3354-7401 Fax.03-3402-9488

7日(日)〜31日(水)展 monthly K-1doll 左川雅子
(容)K1-dollの出品作家から毎月1名を紹介 (場)青山人形青山 ※問い合わせ先等は1月の項をご覧下さい

10日(水)〜22日(月)展
創作人形公募展2004ドールファンタジア
(容)大賞の副賞100万円の大規模な創作人形公募展(応募は11月30日締切済) (場)松屋銀座大催事場、他全国10会場巡回予定 (料)有料 (主)NHK厚生文化事業団、難民を助ける会<AAR> (間)〒104-0061東京都中央区銀座6-7-7彩鳳堂内ドールファンタジア事務局 Tel.03-3575-0960 doll@mbm.nifty.com

23日(火)〜28日(日)展
日本創作人形名展 人形への誘い
(時)10:00〜20:00 (容)今年の副賞100万円の大規模な創作人形公募展 (場)ポーラミュージアムアネックス 東京都中央区銀座1-7-7 ポーラ銀座ビル2階 (料)無料 (間)Tel.03-3563-5501 Fax.03-5250-4670

3月(会期未定)展 月光社創作ビスクドール展
(容)創作ビスクドール展 (主)ドルスバラード ※会期はお問い合わせ下さい。また、12月に移転予定です。問い合わせ先等は2月の項をご覧下さい。

4月

4日(日)〜30日(金)展 monthly K-1doll 二浦悦了
(容)K1-dollの出品作家から毎月1名を紹介 (場)青山人形青山/K1ドヲル ※問い合わせ先等は1月の項をご覧下さい

7日(水)〜13日(金)展 古関くに子ビスクドール展(仮)
(容)ビスクドール作家・古関くに子による2年に1度の個展 (場)みくにビスクドール 横浜市鶴見区鶴見1階画廊 中央区銀座3-6-1 (料)無料 (間)みくにビスクドール Tel.03-3929-9396 Fax.03-3929-9396 mikuni-bd@nifty.com
http://blaza15.mbn.or.jp/mikuni/index.htm

4日(会期未定)展 三輪京子ビスクドール展
(容)創作ビスクドール展 (主)ドルスバラード ※会期はお問い合わせ下さい。また、12月に移転予定です。問い合わせ先等は2月の項をご覧下さい。

5月以降

5月24日〜30日 展 大槻和子人形展「ほほえみVIII」
(容)創作人形(球体関節人形)石膏、ビスクドールを春の衣装で展示。今年は今回8回目の開催 (場)ギャラリー近江(OHMI) 東京都中央区銀座6-9-16ロシュビル1F (駅)地下鉄銀座駅A1出口徒歩3分 (料)無料 (間)ギャラリー近江 Tel.03-3571-6480(会期中)、大槻和子 府中市若松町5-9-7 Tel.042-363-8825 Fax.042-363-8825 (会期前)

9月22日 波田亮個展 晴れと裏
(容)創作人形作家波田亮の個展 (場)(間)銀座芝山画廊東京都中央区銀座5-8-3柴山建物ビル2階 Tel.03-3571-2125
http://members.aol.com/gsibayama/
http://www.ryo-hada.com

抱き人形・お人形総合

12月

11日(木)〜1月5日(木)フ
ドイツ 木のおもちゃ大集合フェア
(容)ドイツ・エルツ地方で作られた民芸品の人形やおもちゃ (場)神戸ドールミュージアム・タイムロマン1Fショップ 神戸市中央区三宮町3-1-17 (時)10:00〜19:00 (料)無料 (間)タイムロマン
Tel.078-327-4680 Fax.078-327-4680
http://www.timeroman.com

2004年

1月中旬 フ
第23回ドール・スポット・フェア
(容)スーザン・ウォーキン(アメリカの抱き人形)展 入荷状況により変更ありますので、お問い合わせください (場)アッパー・ウエストショールーム 大阪市天王寺区南河堀町10-16 ウエニシビル1A UPPER WEST
Tel.06-6772-0001 Fax.06-6772-0007
dolly21@h7.dion.ne.jp

2月

1日(日)〜7日(土)展 桃の花展
(容)24〜25名の作家によるひな人形展 (場)ギャラリーGK 中央区銀座6-7-16 第一岩井ビル1F (時)12:00〜19:00(最終日は17:00まで) (料)無料 (間)ギャラリーGK Tel.03-3571-0105 Fax.03-3572-0105
http://www.jpartmuseum.com/jam_live/gallgary_imfo/g_g/main.html

下旬 フ
第24回ドール・スポットセール・フェア
(容)フランスのハードプラスティックドール、プティ・コリューヌ展(展示即売)入荷状況により変更あり。お問い合わせください (場)アッパー ウエスト ショールーム ※問い合わせ先、所在地は1月の項をご覧下さい

31日(土)〜3月3日(水)展
桃の節句のひな祭り
(容)江戸・明治時代のひな人形、その他各種人形、きもの、軸等や展示 (場)花咲乃庄 静岡県磐田市豊岡村貫地 (料)大人500円 (間)ギャラリー蔵居夢 Tel.053-586-9000 Fax.053-581-1555

3月

27日(土)〜4月5日(月)展 さくらさくら展
(容)9人の創作作家によるさくらのイメージで楽しませる立体・絵・刺繍等 (場)陶穂やまわ2F 埼玉県川越市幸町7-1 (料)無料 (時)11:00〜17:00(最終日は15:00まで) (料)Tel/Fax.049-285-6662
または、田村晴文美 江戸川区東葛西5-10-25-512 Tel/Fax.03-3689-7532

2004年6月以降

6月12日(土)他
ジャパンドールワールドフェスティバル
(時)(日)10:00〜17:00、13日(日)11:00〜16:00(変更の可能性あり) (容)あらゆるジャンルの人形や小物、グッズの展示・販売会 (場)東京都立産業貿易センター(予定)(駅)JR浜松町駅 (料)未定 (間)ジャパンドールワールドフェスティバル開催事務局 Tel.03-3929-2190 japan.dollworld@dream.com
(間)日本ビスクドール協会東京都練馬区関町北2-27-11-3F Tel.03-3929-2190
bisquedoll@dream.com

9月(会期未定)展 講
アラルドールフェスティバル
(容)イギリスのお人形フェスティバル。ワークショップ、各国の人形作家の展示、コンクール、パーティー、人形材料のショッピング (料)見学無料、参加者は出品料必要 (間)伊藤貴博 Tel.053-451-3686 Fax.053-451-3686
maridoll@nifty.com
http://homepage2.nifty.com/maridoll/
8th Aral Doll Festival (場)The Old Fire Station Latchingdon Road Cold Norton ChemIsford CM3 6JG UNITED KINGDOM
Tel.+44-1621-828007
Fax.+44-1621-829518
aralfestivl@aol.com
http://www.deardollyaral.com

※ データの見方
1.お人形イベントの種類 即=展示即売会、展=展覧会(売買のあるものを含みます)、講=講習会・ワークショップ、フ=フェア、他=その他のお人形イベント
2.会期等 (時)=会期、(容)=内容、(場)=会場名・所在地、(駅)=最寄り駅、(料)=入場料、(主)=主催者名、(間)=問い合わせ先

イベント情報募集中! お人形に関するあらゆる展覧会、即売会等のイベント情報を無料で掲載させて頂きます。どうぞお早めにお知らせ下さい。詳しくはP.141のご案内をご覧ください。

オリジナル手作りグッズ中心フリーマーケット

I・Doll アイドール VOL.11

1/6ドール・その他ドール・ぬいぐるみ
あみぐるみ・アクセサリー・オブジェ
ドールハウス・ステーショナリー …などなど

●日時 2004年2月29日(日)
【開催時間 11:00〜15:00】

●会場 東京都立産業貿易センター
【東京都港区海岸1−7−8　JR浜松町駅より徒歩4分】

●内容 ドール関連商品中心手作りグッズ展示即売会

申込から出店まで…

①申込用紙を下記住所に請求して下さい
　※WEBサイト上でもお申込用紙をダウンロードもできます

②申込用紙を記入の上、出店料といっしょに下記へ郵送します。
　＊記入漏れの無いように気を付けて下さい。
　＊アピールカットには当日の販売物・お友達募集・問い合わせ先等をお描き下さい。
　方法(1)現金書留…郵便局で現金書留用封筒を購入し、合計出店料を申込用紙と共に
　　　　　お送り下さい。
　方法(2)定額小為替…郵便局で合計出店料分の定額小為替を購入して、氏名記入欄等
　　　　　には無記入のまま申込用紙と共にお送り下さい。

③お申込後10日以内に「出店受理通知」が送られてきます。申込用紙
　送付後2週間経っても通知が届かない場合、事務局までご連絡下さい。

④開催約10日前に詳細の書かれた「出店要項」「出店許可書」「フリーパス
　券」等をお送りします。当日、それらを持って会場へお越し下さい。
　プログラムムックは当日発売になります。

●プロブース

■各ドール関連企業ブース　■手作り素材販売企業ブース

出店料：1ブース¥6,000 (税込み)
　◆ブースサイズ＝机1台(180cm×90cm)+イス2脚
　◆追加イスは1ブースにつき2脚のみ(1脚¥500)
　◆1ブースにつき4名様までのフリーパス券(出店者専用入場券)
　　を無料発行いたします。

●アマチュアブース

■1/6ドールのための衣装・小物等を中心とした手作りグッズの交換
　展示・即売など…新しい手作り仲間との出会いを見つけて下さい。

■ドールだけでなく、オリジナルの手作りグッズなら何でもOK！
　既製製品にはない個性溢れる作品を発表してく下さい！
　ex：あみぐるみ・アクセサリー・ステーショナリー・オブジェなどなど・・・

出店料：1ブース¥3,000 (税込み)
　◆ブースサイズ＝机1/2台(90cm×90cm)+イス1脚
　◆追加イスは1ブースにつき1脚のみ(1脚¥500)
　◆1ブースにつき2名様までのフリーパス券(出店者専用入場券)
　　を無料発行いたします。

最終出店申込締切日:2004年1月13日(必着)

URL http://www.youyou.co.jp/takara/i-doll/ ←お申込用紙DownLoad出来ます。

お問い合わせ
お申し込み先

〒111-8710　東京都台東区寿1−5−9　盛光伸光8F
ユウメディア内 I・Doll 11係

主催：ユウメディア内
宝島コレクションマーケット事務局
TEL:03-3843-1290 (直通) 平日11:00〜19:00)
FAX:03-3843-2400 (24時間受付)

みよこみよこ イラストレーター お酒とイチヂと、お絵かきが大好き。小さきものの持つ愛らしさにとろける毎日。現在、2003年12月に神楽坂で行われる「ぽち袋展」の参加作品を製作中。

お人形MOOK
Dolly*Dolly vol.3

アートディレクター
吉沼 まさみ(mix)

撮影
塩川 渉(工画堂スタジオ)
小野寺 宏友
山下 大輔
田中 花海
加藤 文哉
文珠デザインスタジオ

スタイリスト
鈴木 喜世子(工画堂スタジオ)

カバーロゴデザイン
竹智 淳

編集協力
小石原 直子
高柳 珠江

イラストレーター
みよこみよこ

デザイン協力
海東 蓮
北村 チエ
若林 由季子
河原田 智
酒井 俊一

特約記者
本木 貴子

企画・編集
近藤 千恵子(グラフィック社)

お人形MOOK Dolly*Dolly Vol.3
2003年12月25日 初版第1刷発行

編 者 グラフィック社編集部©
発行者 菅谷誠一
発行所 株式会社グラフィック社
印刷所 凸版印刷株式会社
製本所 凸版印刷株式会社

〒102-0073
東京都千代田区九段北1-14-17 三創九段ビル4F
tel.03-3263-4318
fax.03-3263-3297

http://www.graphicsha.co.jp

振替00130-6-114345

ISBN-7661-1465-5 ©0072
Printed in Japan

お人形MOOK
Dolly*Dolly

Vol.4は'04年春発売予定です
http://www.graphicsha.co.jp/Data/dollydolly.html

● 投稿募集 ●

見て! 見て! わたしのお人形

あなたのお気に入りのお人形や、お人形に関連したグッズ、お洋服など、お人形関連の写真を、誌上で他の方に見て貰いませんか? P143の封筒または市販の封筒(P.143〜144を記入)をご使用の上、郵送にてお送りください。お人形に関連したお便りもお待ちしております。(お送り頂いた写真、データは一切ご返却できません)

★データでお送り頂く場合は、下記に従ってお願いします。
下記の規定に従い、郵送にてお送り下さい。なお、データ及びメディアは返却不可です。
1.保存形式はEPSまたはJPEG(拡張子をつけて下さい)
2.CMYK、360dpiに変換済み
3.プリントサイズで左右10cm程度(天地はなりゆき)
4.メディアはMOまたはCD-R
5.プリントアウトを添付のこと
※デジタルカメラで撮影したものの、規定の意味がわからない方は、できるだけ高画質にしてプリンターで出力したものを写真としてお送り下さい。
Vol.4掲載作品の締切りは2004年1月20日(当日消印有効)です。

おそれいりますが
切手を
お貼り下さい

102-0073

東京都千代田区九段北1-14-17-4F
株式会社 グラフィック社 Dolly*Dolly 編集部

□「お人形MOOK Dolly*Dolly Vol.3」アンケート係
□「コッペリアの窓から」投稿係
□ お人形イベント情報掲載応募係
□「DD shop」メールオークション申込係

—————————— ヤ マ オ リ ——————————

キリトリ線

1. 名前

....

2. ペンネーム

....

3. 年齢

....

4. 郵便番号

....

5. 住所

....

6. 電話番号

....

7. ファックス番号

....

8. e-mail

....

のりしろ

Dolly*Dolly

この度は「お人形MOOK Dolly*Dolly Vol.3」をお買い上げ頂きまして、ありがとうございました。
今後、編集活動の参考にさせていただきますので、アンケートにご協力をお願いします。

01. あなたの性別および年齢を教えてください。
  □男　　□女　　□年齢　　才

02. 職業を教えて下さい。(できるだけくわしく)
  [　　　　　　　　　　　　　　　　　　　　　　　]

03. この本をどこでしりましたか?

04. 内容についてどう思いますか?
  □よい　　　□ふつう　□悪い

05. デザインについてどう思いますか?
  □よい　　□ふつう　　□悪い

06. 価格についてどう思いますか?
  □高すぎる　　　□丁度よい　　　□格安

07. 続刊が発売されたら買いたいと思いますか?
  □買いたい　　□買わない　　□わからない

08. これまでグラフィック社のお人形の本を購入されたことがありますか。ある場合、○をおつけ下さい。
  1.「WE LOVE BARBIE」 2.「コンプリート・ジェニー・ファイル」 3.「MODE-J ジェニー in トーキョー・ファッション」
  4.「MODE-J ジェニー in トーキョー・ファッション」ジェニー付き特装版 5.「幻想人形館　桜子と市松人形たち」
  6.「トゥーランドット姫とアンティークビスクドールたち」

09. あなたはお人形を持っていますか。また、種類は?　体数は?　主にどのように遊んでいるか教えて下さい。
  はい　[　　　　　　　　　　　　　を][　　　　　　体]　　　いいえ
  買ったまま飾っている・お人形のお洋服を作るモデルに・メイクオーバーまたはカスタム・市販のお洋服で着せ替え
  その他[　　　　　　　　　　　　　　　　]

10. 好きなお人形作家、お人形名、お人形のタイプ、メーカーまたは商品を教えて下さい。
  [　　　　　　　　　　　　　　　　　　　　　　　　　]

11. お人形に関する本、雑誌を買った事がありますか?ある場合、何という本ですか?
  [　　　　　　　] [　　　　　　　　] [　　　　　] [　　　　　　　]

12. 今号で良かった記事、つまらなかった記事はなんですか?　また、その理由も教えて下さい。
  よかった[P.　　　　　　　　　　] つまらなかった[P.　　　　　　　　]

13. お写真をお送り下さる場合、御記入下さい。別紙にご記入頂いても結構です。
  また、御質問、御要望、御感想、お便りをお書き下さい。(掲載をご希望されない場合はそのように明記下さい。)
  お人形名[　　　　　　　　　　　　　]
  解説・御感想etc.

14. 御希望のプレゼント名をお書きください。
  [　　　　　　　　　　　　　]

15. 「DD SHOP」のメールオークション　申し込み欄
  購入希望商品(1)　購入希望価格[　　　　　　]円
  　　　　　　(2)　　　　　　　　[　　　　　　]円

キリトリ線